危機の日本史

近代日本150年を読み解く

佐藤　優
富岡幸一郎

講談社

危機の日本史——近代日本150年を読み解く

目次

まえがき――佐藤　優……6

第一章　明治篇　近代国家形成の歪み……15

令和の改元から何が見えるか　16
明治の起点に生じた「ずれ」　21
内村鑑三の「不敬事件」　26
大逆事件というターニングポイント　32
『こころ』の先生はなぜ死んだのか　35
明治人が抱えた実存的な危機　39
国体の歪みが生んだ閉塞　42
テロリズムと天皇制　47
〈明治〉を読み解く参考書　53

第二章 大正篇 モダニズムの光と闇……55
大正期のインテリジェンス戦 56
自家中毒化する言説空間 60
日韓関係における三重構造 65
第一次世界大戦の衝撃 70
格差社会を批判した『貧乏物語』 74
新しい女を描いた『或る女』 78
金子文子のアナーキズム 84
〈大正〉を読み解く参考書 91
第三章 戦前篇 挫折した「近代の超克」……93
大正十年＝昭和の始まり 94
「ぼんやりした不安」に駆られて 99
信仰としてのマルキシズム 104

「近代の超克」論の矛盾　110
『夜明け前』を思想小説として読む　116
父性原理と近代のぶつかり合い　119
「転向」を引き受けた中野重治　124
〈戦前〉を読み解く参考書　131

第四章　戦後篇　大量消費文化の終焉……133

敗戦をどう受けとめるか　134
現実とクロスした「政治少年死す」　138
スーパー・マーケット襲撃と大学紛争　145
近代百年の歴史を問う小説　150
宗教原理主義を予告した『邪宗門』　154
三島事件と新左翼運動　159
七〇年代半ば、昭和の消失点　163
〈戦後〉を読み解く参考書　168

第五章 **現代篇** コロナがもたらす大転換……169
コロナ危機が明らかにした分断 170
同調圧力としての「翼賛の思想」 174
宗教改革以来の大転換 180
近代の消失点から出発した村上春樹 184
『ホモ・デウス』が預言する監視社会 189
人間中心主義の限界 193
テクノロジーが加速する国家主義 196
近代の危機を、どう乗り越えるか 201
〈現代〉を読み解く参考書 206
「危機」からの再出発──後記に代えて── 富岡 幸一郎……208
近代日本150年史年表……220

まえがき

佐藤 優

新型コロナウイルスによる感染拡大で、日本は現在、太平洋戦争（大東亜戦争）後、最大の危機に直面している。もっとも危機という日本語は幅が広すぎて、現状を分析するのに不適切な言葉だ。なぜなら、予測可能で対策が立てられる「リスク」、予見が難しく、対処を間違えると人間ならば死、国家や民族ならば滅亡につながるような「クライシス」も日本語では危機となってしまうからだ。コロナ禍がリスクの閾値《いき》を超える出来事であるのは確かだ。しかし、この感染症によって人類が消え去ってしまうこともなければ、日本国家や日本人が壊滅的打撃を受けることはない。その意味で現状はクライシスではない。コロナ禍は「リスク以上、クライシス未満」の危機なのである。

本書の第五章で詳しく論じたが、コロナそのものが危機をもたらしたのではなく、この感染症によって近代が孕《はら》む深刻な問題が顕在化したという認識を私と富岡幸一郎氏は共有している。同時代に危機から脱する適切なモデルが存在しないことは明白だ。こういうときに各国は、無意識のうちに自らの過去に未来を切り開くモデルを求めるようになる。ドイツの社会哲学者ユルゲン・ハーバーマスの言葉を用いれば、「未来としての過去」だ。日本的に表現すると復古維新になる。コロナ禍で各国の政治文化の特徴がはっきりしたのであるが、これも過去の歴史と深く結びついている。私はロシア専門家なので、国家指導者に対するロシアと日本の国民意識を比較してみたい。

共産党一党独裁だったソ連時代と異なり、現在のロシアでは、大統領も国家院（下院）議員も国民による直接の秘密投票によって選ばれる。しかし、ロシア人には、自らの代表を政界に送っているという意識が稀薄だ。空から「悪い候補者」「とても悪い候補者」「とんでもない候補者」が降ってくる。そのうち、「とても悪い候補者」と「とんでもない候補者」を排除するのが選挙なのだ。政治学者のアレクサンドル・カザコフ君（モスクワ大学での私の同級生。拙著『自壊する帝国』［新潮文庫］の主人公。ソ連時代は反体制活動家だったが、現在はプーチン大統領を支持する政治団体を主宰している）に「選挙に関してロシア人の政治文化は民主主義から懸け離れている」と批判したところ、「マサルこそ民主主義の歴史に関する勉強が不足している」と言い返された。カザコフ君によれば民主選挙の起源は、僭主となる危険のある者を排除した古代ギリシアのオストラキスモス（陶片追放）で、「ろくでもない政治家を排除できなかったソ連時代より、はるかにましだ」ということだ。

ロシアの一般国民にとって政治は悪だ。だから大統領になる人物は悪党に決まっている。ただし悪党でなければ、帝国主義的な国際競争の中でロシア国家は生き残れないと考えている。外国との関係において、プーチン大統領がロシアの国益を擁護するために最大限努力しているという点でロシア人の認識は一致している。これに対し、政府にはコロナ禍を含む国民生活を保全する能力が無いとロシア人は冷めた目で見ている。ロシア政府のコロナ対策は問題だらけだが、自分の生活は、家族、親族と友人たちで守るのが当たり前という意識がロシア人には染みついている。三十年前、ソ連崩壊前後の混乱状態を自助と共助で乗り切った経験がある。あの大激変と比べればコロナ禍はたいした危機ではないのだ。

日本では菅義偉内閣に対する支持率が二〇二〇年十二月末に各社世論調査で四十％前後に急落した。二〇二一年一月になると内閣不支持率が支持率を上回る調査が増えた。毎日新聞の世論調査による内閣支持率は三十三％まで低下した。その主たる要因は、政府のコロナ対策に国民が不満と不安を抱いているからだ。しかし、別の見方をすると、「危機を克服するために首相や政府は適切な行動をしてくれる」という期待感が前提として存在する。ロシアでは国家指導者と国民が断絶しているのに対して、日本では連続している。あえて刺激的な言葉を用いると、父親に対する甘えのような感情をわれわれは菅首相に対して持っているのだと思う。それが善いとか悪いとかいうことではなく、政治指導者と国民の相互依存性が高いという文化の中でわれわれは生活している。欧米、ロシアと比較して、日本の政治家や官僚が劣っているわけではない。政治家や官僚のあら探しだけをしていても、事態は改善しない。危機から脱するためには民主的手続きで選出された菅義偉首相の下で国民が団結する必要がある。ここで固有名詞は重要でない。二〇一一年三月の東日本大震災のとき、私は民主党の菅直人首相を翼賛せよと訴えた。元外務官僚だった地金が出るのかもしれないが、危機においては国家指導者の下で国民が団結し、国家体制を維持することが国民のためになると、ソ連崩壊とその後のロシアや旧ソ連諸国の混乱を経験した私は確信している。

二〇二〇年末からコロナの第三波が深刻になり、二一年一月八日、中央政府は緊急事態宣言を発表し、東京、埼玉、千葉、神奈川を対象地域とした。その後、対象地域は十一都府県に拡大した。緊急事態宣言にともなってとられる行動規制、営業規制の強化が経済活動にかなりの打撃を与える。すべての国民が生活の先行きに深刻な不安を覚えている。特に社会的弱者へのしわ寄せが強まり、経済要因による餓死が実際に生じている。また、自殺者も増加傾向にある。〈新型コロナウイルス禍の影響が懸念される自殺者数について、厚生労働省は10日、11月は1798人（速報値、前年同月比11・3％増）だったと発表した。年間の自殺者数は過去10年減少を続けているが、今年は前年同月比で7月以降5カ月連続の増加となった。／同省は「重く受け止めている」としており、コロナ禍の影響が出ている可能性があるとみて原因分析を進める〉（二〇二〇年十二月十一日「日本経済新聞」電子版）。特に女性の自殺者が増えているのが二〇年後半からの特徴だ。このような状況を食い止めるために有効な手を打つ必要がある。

真理は具体的だ。菅義偉首相のイニシアティブで不安を覚えている国民一人一人を元気づけるメッセージとなる政策が必要だ。具体的には、再度、一人十万円の一律給付を行うことが適当と私は考える。ただし、今回は現金ではなく、有効期限（例えば発行から半年）をつけた金券を配付することにする。金券は期限がついている以外、現金とほぼ同じ機能を果たせるようにし、公共料金は払えるが、金融商品を購入することはできないようにする。なぜなら前回の給付金はほとんど消費されなかったからだ。〈新型コロナウイルスの感染拡大を受け実施された1人当たり現金10万円の一律給付について、実際に使われたのは1万円程度にとどまるという試算を大手証券会社がまとめました。／（中略）これについて野村証券は、総務省が公表している「家計調査」などをもとに10万円のうちいくら消費に使われたのか、独自の手法で試算しました。／それによりますと、ことし6月と7月の2人以上の世帯の消費支出と預貯金の額を分析したところ、消費に使われた金額はおよそ2万9000円でした。／1世帯当たりの平均の人数が3人程度ということを考慮すると、実際に使われた給付金は1人当たり1万円程度にとどまるということです〉（二〇二〇年十二月二十八日「NHK　NEWS　WEB」）。配付した金券は市中で消化されるので、確実な経済効果が望める。この政策を実現するためには十二兆円くらいの予算が必要とされる。財源は国債に頼らざるを得ない。財政再建論者は「ばらまき政策はやめろ」と反対するであろうが、今は非常時だ。国民の不安を解消する大胆な政策が必要と思う。日本型の国家機能の強化が必要と私は考える。こういう発想を私がするに至った過程が本書を読んだ読者にはわかっていただけると思う。

根源的問題について率直な意見交換ができる富岡幸一郎氏という友人を持っていることを私はとても誇りにしています。

本書を上梓するにあたっては、講談社の見田葉子氏、北村文乃氏にたいへんにお世話になりました。どうもありがとうございます。

二〇二一年一月十九日、曙橋（東京都新宿区）にて

危機の日本史

――近代日本150年を読み解く

装幀　宮口 瑚
カバー写真　森 清
書影協力　鎌倉文学館

第一章

明治篇

近代国家形成の歪み

令和の改元から何が見えるか

富岡　明治維新に始まる日本の近代史は、国民国家の形成のなかで、まさに未知なる危機の連続でした。その要因と結果を今日から読み解くことは、現代の危機に対応するための大きな示唆となるはずです。

本書では日本の近代百五十年の歴史について、それぞれの時代の結節点となる事件や出来事と、代表的な文学・思想作品をクロスさせながら読み解いていきたいと思います。

第一章では、明治の時代を扱います。明治という元号による時代区分自体が、ギリシャ語の「機会（チャンス）」、キリスト教神学で重視する「カイロス」に当たります。連続して一方向に流れていく時間を「クロノス」というのに対し、カイロスは決定的な出来事というか、歴史上の区切りとなる時間のことです。

近代の歴史学を確立したドイツの歴史家ランケに、「おのおのの時代は直接、神に属する」という有名な言葉がありますが、日本の歴史や文化を考えると、「天皇」という不思議な、とあえて言いますけれども、クロノスとカイロスの交点に揺らぐように浮かぶ、半ば超越的な存在に目を向けないわけにはいかない。したがって、明治、すなわち近代日本の出発点を考えるとき、当然、天皇と国体の問題が出てきます。

平成から令和への御代《みよ》替わりにおいては、近代日本史上初めて、天皇の生前退位と新天皇即位が行われました。しかし私が首を傾げたのは、そこで天皇制そのものについての議論がほとんどなかったことです。昭和天皇が崩御《ほうぎょ》して平成の御代になった三十年前には、天皇制そのものの是非についての議論があった。左翼の知識人は天皇制の存続そのものを問題とし、天皇の戦争責任も改めて問われました。

また保守派のほうでは、昭和天皇の崩御に際して、「文藝春秋」の「大いなる昭和」という特別号の巻頭に、福田恆存《ふくだつねあり》が「象徴天皇の宿命」という文章を書いた。天皇を象徴として祀《まつ》り上げることは「天皇の非人間化」であり、戦後憲法を受け入れたまま天皇を神格化することこそ「国民の心理的退廃である」と、激烈と言ってもいい、象徴天皇批判を行ったのです。

しかし令和の改元では、保守の側からも左派の側からも、そうした議論が行われなかった。私の印象としては、お祭りのようなカウントダウンで令和が始まり、御代替わりになった。この天皇論、国体論の不在は一体何だろうか。そういう観点を含めて、まず現在の地平を論じ、そこから明治の言語空間に遡行《そこう》したいと思います。

佐藤　令和の改元について、日本と外国の間のギャップは非常に大きかったと思います。ロシアでも、北朝鮮でも、韓国でも、御代替わりによって日本のナショナリズムが強化されるという見方がかなり強かったわけです。天皇というものに糾合されて日本のナショナリズムが強化され、極めて危険な動きが出るのではないか。特に北方領土に関しては、再び四島一括返還であるとか、さらに報復主義的な動きが出てくるのではないかと、ロシア人は本気で心配していました。だから、強い肩透かし感がありました。

もう一つ興味深いのは、天皇の生前退位による御代替わりが、超法規的に行われたことです。これは明らかに憲法の枠を超えているけれども、若干の指摘が憲法学者からあっただけで、そのことは本質的な問題にならなかった。

それと同時に、皇室の持つ権威というものについて考えると、権威の分散が始まっている。上皇、今上《きんじょう》天皇、さらに皇位継承者の三ヵ所に分散するとともに、内閣総理大臣という世俗的な権力を持つ存在が、一定の権威を帯び始めています。だから、ここには権威の移譲があるのではないか。日本の権力と権威の関係が動き始めていると考えられるのです。

それから、沖縄の問題です。二月二十四日の天皇在位三十年記念式典の日に、沖縄においては辺野古《へのこ》基地建設のための埋め立ての是非を問う県民投票があった。しかしそれは式典にぶつけて県民投票を行ったわけじゃない。要するに、何も感じていないということですよ。

ですから、カイロスとしての天皇というものが、実はかなり希薄化し始めているのではないか。国民の大いなる無関心の中で、新自由主義的な、アトム的な個へと日本全体がバラバラになっている。そこで御代替わりが起きた。一方において天皇は象徴として受け入れられて、今や空気のようなものになっているけれども、その空気の内実はバラバラで、国体という一種の耐エントロピー構造を持つものが溶解し始めているのではないかという感じを持ちました。

富岡　私も、天皇、国体にまつわる、ある種の権威が希薄化していることを感じます。もとより日本の長い歴史の中で、天皇なる存在は本来そういう希薄さを孕むものだったとも考えられるし、逆に言うと、今回のテーマでもありますが、明治以降、近代国家としての日本を形成していく過程とは、天皇という存在を一つの明確な国体として完成させようとしたプロセスであったとも言える。

佐藤　その最大のポイントになるのは、一世一元の制度を入れることによって、天皇の生物学的な死と時代区分である元号を一致させたことです。あえて天皇を強いカイロスにしようとしたわけですね。

そもそも、「愚管抄《ぐかんしょう》」が書かれた鎌倉時代初期においては、筆者の慈円《じえん》は中国の「礼記《らいき》」の百王説を独自に解釈して、あと十六代で日本の王朝はなくなるという考え方をしている。北畠親房《きたばたけちかふさ》が南朝の正統性を述べた「神皇正統記《じんのうしょうとうき》」においても、革命は原則としてあり得る。ただし同じ王朝の中で枝と幹の交代が起きるだけで、易姓《えきせい》はないという論理でした。易姓革命は中国古来の政治思想で、天の意思が変われば地上の王朝も変わり、他姓の者が帝位につく。これが中国では普遍的な法則です。

しかし明治維新以降、易姓はもとより革命もなくなった。すなわち、革命によって武力で権力者を追い出す放伐《ほうばつ》もなければ、天命が離れたときに天皇がみずから去る禅譲《ぜんじょう》もない。ところが令和の改元で起きたことは、天皇の禅譲なんですね。

これを総合的に考えてみると、明らかに今の上皇はカイロスとしての天皇を壊す動きをしたわけです。次に上皇の崩御があったとき、天皇がカイロス的なものになるのか、クロノスに飲み込まれるのか。ここもまた一つの分岐点になってくると思いますね。

明治の起点に生じた「ずれ」

富岡　今おっしゃったように、明治国家は、カイロスとクロノスの交点に浮かんでいるような天皇、国体という存在を、明確に一つの国家体系の中に位置づけようとしたわけです。具体的には、明治二十二年（一八八九年）に発布された大日本帝国憲法で、「大日本帝國ハ萬世一系ノ天皇之ヲ統治ス」（第一条）、「天皇ハ神聖ニシテ侵スヘカラス」（第三条）と規定した。もう一つ重要なのは、翌二十三年に発布された教育勅語です。この二つのテキストによって、はっきりと明治国家における天皇という存在を明確化していこうとした。

明治十年代以降に起こった自由民権運動の中には、憲法の草案を作成したり、議会を召集したりする動きがあった。それに対して明治政府は国家を形成する中で、自由民権運動の主張を一つの仮想敵として想定して、帝国憲法と教育勅語が発布された。ここが明治という時代の、大きな起点になっている気がします。

佐藤　考えてみると、自由民権運動はいわば内ゲバの一種ですね。同じグループ内から生まれた、ちょっとした差異から生じたことですから。ただ、明治七年（一八七四年）に江《え》藤新平《とうしんぺい》らが起こした佐賀の乱や、明治十年（一八七七年）の西郷隆盛による西南《せいなん》の役《えき》などの士族反乱では、武力がストレートに現れる一方で、大義なるものがなかった。ところが自由民権運動では、そこに民権という大義を持ってきた。これはすごく大きかったと思うのです。

私はよく考えるんですよ。もし西周《にしあまね》でなくて中江《なかえ》兆民《ちょうみん》が、制度化されたほうの知の中に入って学問体系を構築していたら、日本の知の世界は雰囲気がだいぶ違っていたのではないか。例えばフィロソフィーを「哲学」としないで「理学」としていれば、かなり科学哲学的な方向に行ったんじゃないかという気がするんです。

富岡　国家と知の形成のプロセスに、どういう知識人がかかわったかというのは非常に大きいですね。

佐藤　初動のときにちょっとずれると、時間と共にものすごく大きくずれていく。

富岡　それに関連するのですが、松浦寿輝《まつうらひさき》さんが書かれた大著『明治の表象空間』によれば、明治二十三年（一八九〇年）十月三十日に発布された教育勅語は、中村正直《なかむらまさなお》が最初の草案を書いていた。ご存じのように、彼はクリスチャンです。この中村草案の中には、「天」という語が、重要なキーワードとして数多く入っていた。ところが、実際につくられた教育勅語では、三百十五文字の中に「天」の字はただ一ヵ所、「天壌無窮」の字句だけになったと松浦さんは指摘しています。

つまり、中村案が何回も修正されて結局は廃棄された。それに代わって法制局長官だった井上毅《いのうえこわし》の草案が出され、井上と、枢密顧問官で儒学者の元田永孚《もとだながざね》の合議によって最終文案がつくられた。その過程で、中村案の中にあった「天」、すなわち神の概念が削除されていった。もしここで中村案が通っていれば、明治における天皇の在り方は変わっていっただろう。松浦さんはそのように書いています。

「この中村正直案に加えられた修正のうちもっとも大きなものは、『天』『天意』の語のほぼ網羅的な削除である。このテクストをして天皇絶対主義のイデオロギー的擁護たらしめようとする要請に照らしてみるかぎり、この『天』概念削除の理由は明らかだろう。中村草案に従うかぎり、国民が帝室に対して忠誠を誓わなければならないのは、それが『天意ニ叶フ』からであって、その対象が帝室だからではない。中村草案を貫く思想は、天皇という歴史的実体よりも上位に『天』という超越的原理があり、それこそがあらゆる倫理的価値の源泉であって、天皇への忠誠というモラルもまた畢竟、その『天意』から発する副次的帰結の一つにすぎないというものだ」（松浦寿輝『明治の表象空間』）

つまり当初は、現前する天皇の上に、ある超越的原理としての「天」を想定していた。これは西郷隆盛の「敬天愛人」（天を敬い、人を愛する）の思想にも通じます。

佐藤　そもそも北畠親房がそうですね。第二十五代の武烈《ぶれつ》天皇は悪逆非道だったために皇統が絶え、継体《けいたい》天皇に替わったように、天意に則している限りにおいて現在の天皇はいるけれども、天意に則さなくなった場合には皇位が移動する。日本がほかの国と違うのは、同じ系統の中で皇位の移動があったことだけれども、そこには天意が確実に作用していた。そこから天を排除してしまったわけですね。
富岡　近代日本国家の形成の中で、教育勅語の訂正がはらむ意味は大きい。つまり、「天」の観念が排除されていくとは、天皇という存在の倫理的価値の源泉がまさに現世化されるということです。「権威から権力へ」と言ってもいい。そこに一種の歪《ゆが》みというか、ずれが生じていったのではないかと思うのです。
佐藤　教育勅語をそのように読み解くのは面白いですね。勅語はダイレクトに天皇から出てくるわけですから、戦前の体制においては、勅語が憲法と権利的に対等になる。
「天皇」の「天」についてですが、それを超越的な「天」ではなくしてしまうと、価値の在処を各自の心の中に持ってくるしかないわけです。そうすると、軍神杉本五郎（第二次世界大戦下の思想に影響を与えた陸軍軍人・国粋主義者）みたいに、尊王の心あるところに我ありみたいな形で、天が内在化していく。そして靖国という場所に行けば、その内在化したものと通底できる。それは、神学者シュライエルマッハーによる「神の場の転換」と似た構成のように感じますね。
富岡　つまり、シュライエルマッハーが言うように、神という存在が人間の感情の中に内在化されるということですね。

佐藤　そういうことです。例えば戦時中、「天皇陛下のために」といってペリリュー島や硫黄島《いおうとう》で戦って死んでいった人たちは、その天皇陛下のいる場所をどこだと観念したのでしょう。天上と観念したのか、宮城と観念したのか、靖国神社と観念したのか、あるいは自分の心の中と観念したのか。

富岡　おそらく「天」のように一つの絶対的なものではない場所でしょう。したがって、大東亜戦争においては「靖国」が、その集合的無意識の装置として作用したと言えるし、今の右派勢力の考えている「靖国」も、はっきりとそういう象徴性を帯びています。

佐藤　そう思います。一方で一部のリベラル派が求める、追悼のための宗教的に中立な追悼施設というのは、逆に超越性を帯びて、国教につながり得る気がします。

内村鑑三の「不敬事件」

富岡　この教育勅語をめぐり、内村鑑三《うちむらかんぞう》の「不敬事件」が起こりました。

内村鑑三は明治十七年（一八八四年）にアメリカに留学し、アマースト大学などで学んで帰国した後、第一高等中学校の嘱託教員になる。その一高で、教育勅語が発布された翌年の明治二十四年（一八九一年）一月九日に、教育勅語奉読式が行われた。内村はクリスチャンですが、当時、一高にはクリスチャンの教員が三人いて、他の二人はこの式に欠席していたらしいんですね。彼一人が奉読式に出て、前に出て最敬礼、つまり一番深い四十五度に頭を下げなければいけないときに、それほど明確な意識はなく、頭をちょこっとだけ下げた。

佐藤　下げ方が足りなかった。内村の不敬は神話化されて、敬礼を断固拒否したみたいな話になっていますが、頭は下げているんですね。

富岡　ええ、本人の意識としては曖昧で、明確に教育勅語を批判し、キリスト者としてこれを受け入れられないということではなかったらしい。ただ、それが一高内部の教員にとがめられて社会問題化し、内村は教職を追われることになりました。

佐藤　ポストモダンで言う「小さな差異」が問題だったわけですね。もとから欠席してしまえば、そんな問題にはならなかった可能性がある。

富岡　あの不敬事件は、明治の時間の流れの中では一種のカイロスとしての事件でした。つまり、一神教の超越神を持つキリスト者内村と、アジア的な国家道徳の共同体の衝突として、非常に象徴的な事件だったと思うのです。

佐藤　日本人であってキリスト教徒であるというのはどういうことか。現在においても同じですが、プロテスタントはこのことについて常に考えざるを得ない。そこから、キリスト教の土着化の問題に直面せざるを得なくなったわけです。

対極的なのはカトリックです。戦前にカトリック系の暁星《ぎょうせい》中学と上智大学の学生が靖国神社の参拝を拒否して軍部に睨《にら》まれたとき、日本のカトリック教会はバチカンに、神社参拝は可能かどうか、おうかがいを立てた。それに対してバチカンからは、「民族の習慣だから可能である」と回答が返り、了承を得ている。その見解が生きていますから、カトリックでは基本的に神社参拝に問題はない。ところが、プロテスタントは常にその問題を抱えている。

富岡　内村にとっては、ジーザスとジャパンという「二つのＪ」が問題でした。ジーザスとジャパンは衝突し、かつ、彼の中で葛藤としてある。彼はキリスト教徒である一方で、日本人のアイデンティティとして天皇、皇室に対する尊敬の念を強く持っていた。明治二十二年には当時勤務していた東洋英和学校の「天長節並びに立太子式祝会」で、皇室を賛美する「菊花演説」を行うなど、愛国者としての自分を自覚していたわけです。そういうところで二つのＪのぶつかり合いがあった。

佐藤　ちなみに、私が同志社の神学部にいたころですが、中国の三自愛国教会というプロテスタント教会の監督者・丁光訓主教が来て、「二つのC」、チャイナとクライストという話をしていました。

富岡　なるほど、それは彼らのアクチュアルな問題意識ですね。

佐藤　現在の中国では、この「二つのC」が非常にアクチュアルな問題なんです。

富岡　まして中国は本来、易姓革命の思想がありますから、そういう意味で「二つのC」は、今、中国の内部で胎動している思想の正体を象徴しているのかもしれないですね。

佐藤　福島香織さんの『習近平の敗北』は、最近の中国のキリスト教事情について詳しく書いている珍しい本です。去年から中国では宗教担当が政府から党に移って、「宗教の中国化」というキャンペーンを、党が中心になってやっている。

　これはどういうことかというと、中国の近代化の矛盾を、毛沢東思想、マルクス・レーニン思想ではどうしても解決できない。宗教に頼らざるを得ない部分が出てきている。だから宗教を土着化させる、つまり中国化させることによって、土着化したキリスト教はよいキリスト教、土着化した仏教はよい仏教、土着化したイスラム教はよいイスラム教と認める。それに対して土着化していない外来のキリスト教、仏教、イスラム教は悪いものとして排除する。
この二分法は、プーチン大統領がチェチェン紛争のときにやった方法なんです。イスラムが敵なのではなくて、外来のワッハーブ派が敵だ。同時に、それは反カトリックキャンペーンでもあったのです。外来のカトリックはダメだ。土着の正教と、土着のプロテスタンティズムはいいと。

富岡　普遍主義を排除して「帝国」を維持するために、宗教の土着化は非常に重要な問題ですね。

佐藤　内村にしても、新島襄《にいじまじょう》や新渡戸稲造《にとべいなぞう》にしても、あの三人は同じ時期にアメリカにいましたから、強く土着化の問題を考えたと思います。同じ時期というのは当時、新渡戸稲造から新島に手紙が来るんです。内村鑑三がノイローゼになったから、相談に乗ってやってくれと。それで新島は内村にアマーストに来るように勧めたわけです。アマースト大学を出ると、通常はBA（Bachelor of Arts）という学位が取れる。ところが、新島はギリシャ語、ラテン語が全然できなかったから、BS（Bachelor of Science）でした。内村の学位もBSです。あの二人は共通して人文系が全然ダメだった。
明治八年（一八七五年）に同志社英学校（現・同志社大学）をつくった新島が、日本に総合大学が必要だと考えたのは、人文系ができないのは自分たちの頭が悪いわけじゃない。日本と欧米では教育のシステムが違い過ぎるから、理科系はキャッチアップできるけれども、人文系のキャッチアップができない。その核になるのがキリスト教主義だ。欧米の文明を成り立たしめているキリスト教主義に関する知識がないと、我々は欧米と向かい合っていくことはできないと考えたからです。その強力な愛国心が、彼を教育に結びつけるわけですね。

富岡　内村も、もともと新渡戸稲造と同じく札幌農学校（現・北海道大学）で、徹底的に理系の思想、学問体系でした。彼は水産学を学んで、農商務省に入っていく。

土着化ということで言えば、内村たちがつくった札幌独立キリスト教会は、教派から独立した最初の日本的教会で、キリスト教を日本に土着化しようとした。外来の宣教師が与えるキリスト教ではなく、日本人みずからがキリスト教を内在化して土着化すれば、当然自立、独立ということが出てくる。そこに明治におけるキリスト教の、肝心なポイントが置かれていたのは確かだと思います。

佐藤　青山学院や立教、あるいは関西学院と同志社が一番違うところは、同志社はミッションスクールという呼称を嫌うんです。ミッションというのは、欧米が植民地化するためにつくった植民地宣教団のことだ。我々はミッションスクールではなく、キリスト教主義の学校だ。これは昔から一貫しています。

大逆事件というターニングポイント

富岡　天皇、国体という問題を考えていくとき、明治の後半で最も重要なのは、明治四十三年（一九一〇年）五月に、信州において社会主義者宮下太吉《みやしたたきち》ら四名が、明治天皇暗殺を企てたことが発覚した大逆事件です。この事件は、そもそも宮下太吉の計画を口実に政府がフレームアップして、幸徳秋水《こうとくしゅうすい》その他数百人のアナーキスト、社会主義者を根絶やしにしようとしたといわれている。実際に二十六人を明治天皇暗殺企図の罪で起訴して、四十四年一月十八日に二十四名が死刑判決を受けています。

明治十五年（一八八二年）に施行される旧刑法百十六条、それから大日本帝国憲法制定後の明治四十一年（一九〇八年）に施行された刑法七十三条「天皇、太皇太后、皇太后、皇后、皇太子又ハ皇太孫ニ對シ危害ヲ加ヘ又ハ加ヘントシタル者ハ死刑ニ處ス」は、死刑のみに限定された刑法です。もちろん戦後、一九四七年に削除されますが、これは実行犯と未遂犯の区別がない。七十三条で起訴されれば、その時点で死刑になるという強権的なものでした。

この大逆事件をどう考えるかということですが、一つは、当時の天皇が、明治国家という近代的なネーション・ステート形成の中で、いわば権力として作用していく。先程の話の「天」の概念と切り離されて、天皇が地上化した権力となっていく。つまり政府という暴力と結びついた形での国体が前面に出てくる。それに対する知識人や文学者の違和感が、大逆として現れたのではないか。

佐藤 その解釈は面白いですね。一方で、この事件を政府によるフレームアップととらえると、逆に見えなくなってしまう部分が大きいと思います。思想的に天皇をなくす必要があると考える人たちの回路に入っていくことが重要ではないか。

富岡 それは重要ですね。その意味で、大逆事件が明治の一つのターニングポイントだった。

佐藤 幸徳秋水自身は、かなりふらふらしていた人ですよね。

富岡 幸徳秋水は無政府主義、アナーキズムとは決して暴力やテロリズムではないということを陳弁書で言っています。

佐藤　この大逆事件が起きたことによって、日本はいわゆる冬の時代に入る。しかし日本におけるアナーキズムの系譜は、関東大震災後の朴烈《パクヨル》と金子文子《かねこふみこ》事件などの他は大杉栄《おおすぎさかえ》がいるくらいで、それほど激しい運動になっていかないんですね。その代わりボリシェビズムのほうに流れていってしまう。

ここにも、もしかしたら超越性の欠如が関係しているのかもしれません。ボリシェビズムには、指導組織としてのコミンテルン（共産主義インターナショナル）という世俗的な超越性が目に見える形であるので、ある意味で天皇に対する忠誠を、コミンテルンに対する忠誠、党に対する忠誠に切りかえれば、思想的な回路としては比較的簡単にスイッチできる。だから逆に、転向も容易なんです。

ところが日本の場合、アナーキズムは非常に難しい。ロシアにおけるアナーキズムは、強力な神があるからそれを否定するということで、社会革命党のテロ指導者サヴィンコフ（ロープシン）が『蒼ざめた馬』や『テロリスト群像』の中で書いているような回路をつくっていける。『蒼ざめた馬』に出てくる爆弾テロの実行犯ワーニャは、テロ行為を行って人を殺せば自分の魂も滅びる、単なる生命ではなくて復活の可能性、魂をも完全に滅ぼす形での愛の実践なんだ、という理屈を立てていく。これはキリスト教的な回路と比較的結びつきやすい。しかし日本の場合、もともと神という概念がない。神なき土壌において神を否定するわけですから、アナーキズムは成り立ちにくいんです。

富岡　おっしゃるように、ボリシェビズムであれば、まさに党があきらかに神格化された疑似「神」として君臨しているから、そこに忠誠を誓い、そのために殉教する、あるいは転向するという論理が出てきます。

佐藤　しかもスターリンが出てくると、彼がローマ教皇的な存在になり、この人のために死ぬんだという考え方ができるわけですから、回路としてはわかりやすい。

『こころ』の先生はなぜ死んだのか

富岡　今回は明治を描いた文学作品の中で、夏目漱石の『こころ』に改めて注目したいと思います。

佐藤　これは難しい作品ですね。島田雅彦さんは『彼岸先生』の中で、『こころ』を同性愛小説として読み替えていますが、その読み方も十分にできる。もう一つは、書簡をあのような形式で入れることは、ある意味で小説の構成を壊す。なぜそういう方法をとったのかというのも興味深いですね。

富岡　『こころ』は上・中・下と三部構成をとっていて、最後の「先生と遺書」の中で、先生がかつてKという友人を恋愛のために裏切ったことが明かされます。

佐藤　先生がKを陥れるところもリアルですね。「精神的に向上心のないものは馬鹿だ」と一言言う。その言葉が相手の内部で自家中毒みたいに回転していくのがわかっていて、その回路をつくり上げる。

富岡　そうやって死に追いやっていく。かつてお嬢さんと呼ばれていた女性は先生の妻になるわけですが、最後に、先生は妻にではなく、学生である「私」に対して遺書を送る。

佐藤　典型的な告白文学になっていますね。本来は神の前で告白するべきことを、先生は自分を慕ってくるストーカーのような青年に託す。

富岡　結局、先生は自殺するのですが、その理由として、明治天皇の崩御と乃木《のぎ》大将の殉死《じゅんし》を受けて、「私は明治の精神が天皇に始まって天皇に終ったような気がしました。最も強く明治の影響を受けた私どもが、その後に生き残っているのは必竟時勢遅れだという感じが烈しく私の胸を打ちました」とある。

ただ、先生の自殺と明治の精神、あるいは天皇の崩御とがつり合うのかというと、非常に微妙な感じがします。先生の死とは何かという問題を考えていくと、実は全く別のコンテクストがあるのではないか。今挙げた箇所の前に、こういう一節があるんです。先生は自分がKを殺したという自責の念を、いろいろ書を読んだり、酒を飲んで紛らわせようとしたけれども、無理だった。

「酒は止《や》めたけれども、何もする気にはなりません。（中略）私は寂寞《せきばく》でした。どこからも切り離されて世の中にたった一人住んでいるような気のした事もよくありました。／同時に私はKの死因を繰り返し繰り返し考えたのです。その当座は頭がただ恋の一字で支配されていたせいでもありましょうが、私の観察はむしろ簡単でしかも直線的でした。Kは正しく失恋のために死んだものとすぐ極めてしまったのです。しかし段々落ち付いた気分で、同じ現象に向ってみると、そう容易《たやす》くは解決が着かないように思われて来ました。現実と理想の衝突、――それでもまだ不充分でした。私はしまいにKが私のようにたった一人で淋しくって仕方がなくなった結果、急に所決《しょけつ》したのではなかろうかと疑い出しました。そうしてまた慄《ぞっ》としたのです。私もKの歩いた路を、Kと同じように辿っているのだという予覚が、折々風のように私の胸を横過《よこぎ》り始めたからです」（夏

つまり、先生の所決＝自殺の原因は、Kを死に追いやった自責云々ではない、もっと根源的な精神の不安、感情の揺らぎである。そしてKの死因も恐らく同じであって、単に失恋のためではなかった。さらに、この先生の遺書を読んでいる「私」も、やがてその道を行くだろう。つまり、これは明治という時代を生きた人間がたどる道であると。

佐藤　先生の死には、明治の知識人、特に文学という形で自我に目覚めてしまった人間としての、必然性があるわけですね。

富岡　そう解釈できると思います。その自我のぶつかり合いの中で、もし超越的なものの観念があれば何らかの道が見出せるけれども、「天」の概念が不在である。あるいは、「天」は実は天皇そのものにも曖昧かつ透明に受肉されて、大逆事件を惹起させるような形で地上の政治的権力として土着していく。そういう意味では、近代的な国家が作り上げた天皇、国体の歪みのようなものが、K、先生、「私」の不安という形で、個人の自我に反映されていく。そういう解決しきれない不安というか、感情のねじれが描かれているのではないかと感じました。

明治人が抱えた実存的な危機

佐藤　その中で、対極的なのは妻ですね。先生が殉死について言うと、彼女はそれをあざ笑うでしょう。

富岡　「私は明白《あから》さまに妻にそういいました。妻は笑って取り合いませんでしたが、何を思ったものか、突然私に、では殉死でもしたらよかろうと調戯《からか》いました」という一節ですね。

佐藤　そこは非常に大きいと思います。Ｋとの関係であれだけの葛藤を経て成就した恋愛であるけれども、本質的なところにおいて、妻は先生の抱く実存的な危機を理解できないのみならず、からかう。ここにおいて先生の孤独感が決定的に強まったんじゃないか。最後に、この手紙の内容については決して妻に明かさないようにと言って遺書が閉じられることに、二重三重の絶望があらわれている感じがしますね。

富岡　まさに今おっしゃったような実存的な煩悶だと思います。

佐藤　からかいというのは一つのキーワードですね。例えばチェコスロバキア出身でフランスに亡命したミラン・クンデラの『冗談』という小説では、ガールフレンドの気を引くために、「楽観主義は人民の阿片だ！　トロツキー万歳！」と冗談で葉書に書いたら、党の査問にかけられて大変な一生になっていく。からかいの持つ破壊力があらわれています。

富岡　キーワードといえば、『こころ』では先生からも「私」からも、「淋しい」という言葉が何度も繰り返されています。この「淋しい」は根源的な寂しさ、出口のなさの表現であり、他者とのぶつかり合いの中で、エゴイズムを超える超越的なものへの道筋が閉ざされているとすれば、人間は孤独に陥っていくしかない。キェルケゴールの言う絶望の形態が、『こころ』の最も深い主題として出ている。それが実は天皇、すなわち時代と国体とのかかわりとのなかで異様な孤独を繁殖させていくのではないか。

大逆事件の宮下太吉は公判の予審で、爆裂弾をなぜつくるかというと、天子に投げつけて、天子も我々と同じく血の出る人間であることを知らしめ、人民の迷信を破らなければならない、と言っています。それはもちろん天皇制への反逆であるけれども、同時に、天皇に対する逆さまな神への希求、渇仰のようなものが感じられる。大逆事件の奥にあるそういう感情は、ある意味で漱石も共有していた気がするのです。

佐藤　その明治の絶望は、大正への御代替わりがあったことで一回リセットされた。ところが、現代はそれと類似的な状況であってもリセットができないとなると、より深刻ですね。

　現代の天皇に関しては、事実上、もはや象徴天皇制ではない。むしろ左派、リベラルが求めているのはリアルな天皇ですよ。今の上皇は平和愛好主義者であるとか、今の陛下は家庭を大切にしているとか、天皇を象徴からリアル（現実）にしている。

富岡　大逆事件でにじみ出てきた天皇の超越性の問題というのは、裏返せば、三島由紀夫の天皇論にもつながります。三島が「『道義的革命』の論理」で書いたように、二・二六事件の磯部《いそべ》浅一《あさいち》一等主計は徹底的に天皇に神を見出そうとして、天皇が神でなければみずからが神になろうとする。

佐藤　その結果、最期に「天皇陛下万歳」を言わないという逆説の中に入っていく。

富岡　そこには日本の近代百五十年の出発点たる国体のトラウマがあったわけですね。

国体の歪みが生んだ閉塞

富岡　高橋源一郎さんの『日本文学盛衰史』は、明治の文豪をはじめ日本近代文学の作家たちが実名で登場する小説です。その中の「WHO　IS　K?」という章では、『こころ』の先生の自殺の原因となる裏切りの問題が、「書くこと」に関する裏切りとして描かれています。

佐藤　ここで高橋さんが提示している、「漱石は作品の中に多くの謎を書き残した。漱石の謎は、その生涯にではなく、作品の中に探らねばならない」という指摘は正しいですね。謎はテキストの外に探るべきではない。

富岡　そうですね。『こころ』の一つの読み方として、大逆事件を書く、あるいは書かないこととのかかわりがある。その点に関して、「WHO　IS　K?」はかなり突っ込んで書いていると思います。

佐藤　ここの部分は強靭な思考力だと思いました。

富岡　作中に出てくる石川啄木《いしかわたくぼく》と漱石の対話の部分で、啄木は漱石が大逆事件について書かないことを批判します。

「幸徳はただ書いたのです。彼は空想しただけです。（中略）幸徳は、書いたが故に処刑されたのです。わたしはもう、先生にお渡ししたあの論文のことなんかどうでもいいと思っています。でも、幸徳たちの処刑を許すことはできない。そのことは書かれねばならない。想像力を罰することはできない。先生はそのことを書ける場所にいらっしゃる。なのに、先生はなにも書かず、なにもおっしゃらないのですね」／「そうだ」（高橋源一郎『日本文学盛衰史』）

なぜ書けなかったのか。明治の近代国家によって形成されていった天皇、国体の不安定な歪みが、漱石の中で実存の不安と結びついたがゆえに書けなかったとも言えるのではないか。ここは多様な読みをさせるところだと思いました。

佐藤　私はロシアを長く見ていたせいか、「書く」と「書かない」、の他にもう一つ、三つ目の選択があるんですね。それは「引き出しの中に書く」。すなわち、公表できないものを書きためていくというのがロシア文学の伝統で、たぶんロシア人の場合は帝政時代から、引き出しの中に書きためていくという三番目の方法をとった。その典型が、ブルガーコフの『巨匠とマルガリータ』です。

富岡　石川啄木の「時代閉塞の現状」は明治四十三年八月ごろに書かれた文章ですが、当時は発表できなかったものです。ここで啄木は自然主義を批判しながら、時代を取り囲んでいる空気について書いています。

「我々青年を囲繞《いじょう》する空気は、今やもう少しも流動しなくなった。強権の勢力は普《あまね》く国内に行亙《わた》っている。（中略）かくて今や我々青年は、この自滅の状態から脱出するために、遂にその『敵』の存在を意識しなければならぬ時期に到達しているのである」

（石川啄木「時代閉塞の現状」）

ただ、この「敵」は明確なものとしては出てこない。非常に不安定なものとしてしか見えないという、苛立ちみたいなものがあったのではないか。

佐藤　啄木が「時代閉塞の現状」を書いたのは、大逆事件の約二ヵ月後なんですね。

富岡　だから当時は発表できなかった。啄木は明治四十五年（一九一二年）四月に二十六歳で死んでいますが、その後に出てきた文章です。そういう意味で、この文章は当時の空気を裏側からよく映していると思います。

佐藤　おそらく彼の中では、敵であるものに結果として服従せざるを得なくなっている自分たち知識人のあり方が意識されている。結局、明治の知識人は急速に国家というものを意識せざるを得なくなったわけですね。

もう一つ、『日本文学盛衰史』で、高橋さんは姓にこだわるでしょう。姓が変わるという衝撃がKの中にあるけれども、そういえば石川啄木だって姓が変わるし、漱石自身も変わっている。逆に、姓の問題がないのはあの一族だけですね。

富岡　天皇家は姓がない。

佐藤　家の問題、姓の問題から解放されている。姓がなければ、易姓革命は不能ですからね。高橋さんは天皇制の秘密がよくわかっていると思いました。

富岡　天皇と国家が重なって、まさに権力の表象としての国体が出てきた。その流れの中で大逆事件とか、漱石の『こころ』も出てきたと思います。

佐藤さんが『日本国家の神髄——禁書「国体の本義」を読み解く』の中で、「多元性と寛容の精神は、皇統を否定する思想や政治運動に対しても適用される。皇統を否定する思想や政治運動についても、わが国体を現実的に破壊する脅威をもたらさない範囲において、寛容な取り扱いを受ける。このような度量が日本の国体を強化するのである」と書いておられるように、北畠親房が「神皇正統記」で強調したのは、多元性と寛容の精神でした。ところが、まさに明治の国体は、特に明治後半、そのような形ではない方向へ向かっていく。

佐藤　おっしゃるとおり、急に煮詰まっていってしまうんですね。それが明治という時代が終わることによって一旦リセットされて、それほど時間を置かずに起きるのが第一次世界大戦です。この欧州戦争は、ヨーロッパにとっては本格的な大量殺戮《さつりく》、大量破壊戦争でしたが、ドイツは日本と本気で戦う気はなかったから、日本にとっては権益を獲得するだけの戦争になった。その結果、日本の工業化は急激に進んだ。その工業化を支えるために、知識人の層を厚くする必要があるから、高校も大学もたくさんつくらなければならなくなった。

その意味において大正の時代は、明治が抱えていた閉塞状況や行き詰まりを、帝国主義的な対外進出によって、しかもコストをかけずに迂回できたのです。だから、成長が問題を迂回した時代だったとも言えるでしょうね。考えてみると大正デモクラシーは、成長の時代だったということが非常に大きいと思うんですよ。しかしその後、今度は昭和恐慌が来るわけで、明治のときに積み残した問題が、また国体という形で戻ってくるわけです。

テロリズムと天皇制

富岡　昭和とのアナロジーで言えば、敗戦の後、一九五〇年代後半からの高度成長があり、その高度成長の裏側でいろんな問題が起こってくる。そしてポストモダンというモダニズムを経て、八〇年代後半からバブルが起こり、バブル崩壊へと進む。明治から大正、昭和前期の戦争への道筋と、アナロジーがはっきりと出てきますね。

日本がバブルへ向かう道筋で一九八三年に現れた桐山襲《きりやまかさね》の『パルチザン伝説』は、こうしたアナロジーを描いた現代小説として読めると思います。

佐藤　富岡さんは、桐山さんと会われているんですね。どんな印象を受けましたか。

富岡　早稲田大学を出てから東京都教育庁に長く勤めて、九二年に四十二歳で亡くなっています。私は桐山さんが連合赤軍事件を題材にした『都市叙景断章』を発表した一九八九年ごろ、「すばる」でインタビューしたのですが、非常にまじめな人物でした。

デビュー作である『パルチザン伝説』は、もともと文藝賞の候補作でしたが、選考会では落ちたにもかかわらず、その一年後、「文藝」一九八三年十月号に掲載されたものです。

この小説は、東アジア反日武装戦線の「狼」部隊が七四年八月に行った三菱重工の本社ビル爆破事件と、荒川鉄橋で天皇のお召し列車を爆破しようとした「虹」作戦をモチーフにしています。「虹」は、大道寺将司《だいどうじまさし》や斎藤和《さいとうのどか》の関わった事件です。七二年の連合赤軍事件の後で新左翼運動が退潮していく中で、東アジア反日武装戦線は歴史的な施設や企業爆破によって、高度成長期以降の市井の人々の日常意識に対する突破を狙った。もう一つの狙いは天皇です。ですから、これはまさに大逆事件のアナロジーです。

この小説も『こころ』と同じく書簡の形になっていますが、主人公の活動家とその兄、そして失踪した父という、三人の人物が描かれます。

主人公の父親は敗戦時において、天皇の暗殺を企てていた。ポツダム宣言を受諾して、このまま天皇、すなわち国体が護持されていけば日本は変わらない。それに対して天皇の暗殺を企てるという、架空のテロです。実際、陸軍の一部は玉音盤を奪おうとしていたわけですから、それに近いものがあったと思います。

父親は片目と片手を失い、名前を変えて別人として戦後を生き、一九五一年に失踪する。急進的な党派に属した主人公の兄は一九六九年に逮捕され、連合赤軍事件の直後に拘置所を出てからは無言を貫く。主人公は「虹」作戦にかかわった後、グループを離脱して一人で爆弾闘争を続ける中で、誤爆で片目片手を失う。父の時代と兄弟の時代、つまり、戦争の時代から戦後の時代を貫いている一つのテーマが、天皇暗殺ということです。

佐藤　今振り返ってみると、東アジア反日武装戦線事件について、新左翼の側はほぼ総括できなかった。暴力性の前におびえて爆弾闘争の方へは行かず、エネルギーのほとんどを内ゲバにかけるようになったのでしょう。

同時代の中で一番真摯に事件を総括したのは、新右翼の鈴木邦男《すずきくにお》氏だと思います。彼は当時、三一新書から『腹腹時計と〈狼〉——〈狼〉恐怖を利用する権力』という本を出して、東アジア反日武装戦線の思想と「狼」の人たちの行動様式を、いわばこれは愛の実践なんだという形でまとめていたのが非常に印象に残っています。テロリズムへの回路を容認している右翼のほうが、問題をリアルに捉えることができたわけです。そう考えてみると、二〇〇一年の九・一一以降、テロリズムが世界的に流行している中において、東アジア反日武装戦線は非常に先駆的な要素があったとも言える。

富岡　そうですね。『パルチザン伝説』の中に、非常に印象的なフレーズがあります。

「あたかも僕たちが、地上に実現しなかった遠いおしえを伝道しようとした使徒たちででもあったかの如くに――」。自分たちを新約聖書の使徒になぞらえて、地上に実現しなかった何か超越的なものを、テロリズムという形態によって実現しようとする。しかし同時に、ここには大逆事件から一貫して流れている天皇、国体という曖昧なものとの関係性が現れています。明治の近代天皇制から、今日の象徴天皇制まで続く国体とのかかわりという意味で、戦前戦中の父の世代と戦後の兄弟の時代が、文字どおりつながっているとも読めるんじゃないか。

佐藤　一ヵ所、もし私が編集者だったら、桐山さんに直したほうがいいんじゃないかと言いたい箇所があります。ポツダム宣言に関する日本政府の公電について触れた箇所で、「天皇の国家統治の大権を変革するの要求を包含し居らざることの了解の下に」（傍線原文）というところです。宣言受諾のキーワードは「了解」なんだけれども、桐山さんはこれを「条件」と言い換えている。ここは「了解」にしておいたほうがいいんです。アメリカは日本に無条件降伏を要求しているわけだから、条件なんかつけたら、その瞬間に拒否されて破滅する。そのことを東郷茂徳《とうごうしげのり》外相はわかっていたんですよ。でも「了解の下」だったら条件じゃないから、アメリカはきっと忖度《そんたく》してくれるだろうと考えた。そうすると天皇たちは、より甘えているという構成にできたんじゃないか。外交的な意味合いにおいても、ここのところは非常に面白いんですよ。

作者はすごく頭のいい人で、問題意識としていろいろなものを詰め込んでいます。主人公が逃亡した先として沖縄を設定しているでしょう。ここで描かれる沖縄の本島から離れたどこかの島にしても、「狼」の人たちにしても、連合赤軍にしても、リアリティーを崩していないと思います。

富岡　この作品が出たのは一九八三年で、桐山さんが執筆活動を展開していったのはまさに八〇年代後半のバブルの時代、ポストモダンの時代です。バブルやポストモダンが歴史をかき消し、問題意識をかき消していく中で、あえてこういう作品を出してきたのだと思います。

佐藤　一つの時代の責任を引き受けようとする姿勢を強く感じますね。

東アジア反日武装戦線については、私が大学の三回生のときだったか、バクーニンを訳している大阪市立大学教授の左近毅《さこんたけし》先生が、「東アジア反日武装戦線は、過去十年ぐらいの動きの中では最も危険性がある。その危険性は東アジアというカテゴリーの中で天皇を標的にするということで、その情報空間の中で政治の枠組みを捉えていこうとする。だから、発想が大東亜共栄圏に近い。天皇なき大東亜共栄圏というところに行き着くのではないか」と言って、非常に危惧していたのを思い出します。

富岡　実はこの『パルチザン伝説』でも、終戦時の一億玉砕と天皇暗殺が重なっていきますね。まさに情念の倒錯的な自己運動と重なる。東アジア反日武装戦線はそういう意味で、最後の政治的ラジカリズムを示しているところがあった。ただ、それが果たして最後なのか。あるいは、今おっしゃったように大東亜共栄圏のひっくり返った再生産として、それが今後の日本にまた出てくるのかという、現在の問題でもある気がします。

〈明治〉を読み解く参考書

松浦寿輝『明治の表象空間』新潮社、二〇一四年

福島香織『習近平の敗北——紅い帝国・中国の危機』ワニブックス、二〇一九年

夏目漱石『こころ』新潮文庫、二〇〇四年

高橋源一郎『日本文学盛衰史』講談社文庫、二〇〇四年

石川啄木『時代閉塞の現状　食うべき詩　他十篇』岩波文庫、一九七八年

佐藤優『日本国家の神髄——禁書「国体の本義」を読み解く』扶桑社新書、二〇一四年

桐山襲『パルチザン伝説』河出書房新社、二〇一七年

鈴木邦男『腹腹時計と〈狼〉——〈狼〉恐怖を利用する権力』三一書房、一九七五年

夏目漱石
『こころ』
（1914年、岩波書店）

高橋源一郎
『日本文学盛衰史』
（2001年、講談社）

松浦寿輝
『明治の表象空間』
（2014年、新潮社）

第二章

大正篇

モダニズムの光と闇

大正期のインテリジェンス戦

富岡　第二章では、大正時代を取り上げたいと思います。

大正時代というと、いわゆる大正モダニズムや大正デモクラシーといった表層的なイメージがありますが、その内実を見ていくと、明治三十八年（一九〇五年）の日露戦争後の世界――すなわち西洋列強を軸にした帝国主義の中で、日本という国が初めて世界史的な位置に立つ。日本が外部の世界と現実的にクロスする時代でもあったと言えます。

日露戦争には、かろうじて勝った。その後、大正三年〜七年の第一次世界大戦に日本は連合国陣営として参戦し、ここでも戦勝国になった。そういう世界史的な激動の中で、デモクラシー、アナーキズム、ロシア革命由来のボリシェビズム、キリスト教、社会進化論等々の思想が一気に日本へ流入してくる。いわば外と内における激動の時代と言えるのではないかと思います。

そして大正の終わりには、関東大震災が起こる。直線的に流れていく時間としての「クロノス」に対して、決定的な出来事の歴史としての「カイロス」を考えれば、まさに大正十二年九月の関東大震災は、それまでの時間の流れを断ち切る決定的な出来事としてのカイロスだったと言えます。このエマージェンシーを機に、明治維新以来の日本帝国の矛盾や危機が表にあらわれた。

関東大震災の三ヵ月前には、大正を代表する作家、有島武郎《ありしまたけお》の情死事件がありました。震災の二日後には、朝鮮人アナーキストの朴烈と内縁の妻である金子文子が検束され、大逆罪で死刑を言い渡される。震災後には憲兵隊による大杉栄と伊藤野枝《いとうのえ》らの惨殺、民間人の自警団による朝鮮人虐殺などの事件が発生しています。

明治から昭和へ続く近代日本百五十年を読み解く上で、大正時代というのは極めて重要であり、それは、危機が複雑に内在化していった時代だからではないか、という印象を持っています。

佐藤　私も富岡さんの見解に完全に同意します。

日露戦争は機関銃を使って大量破壊戦が行われた、初の本格的な近代戦でした。実は日露戦争の後、一九三八〜三九年に満州国の国境線をソ連と争った張鼓峰《ちょうこほう》事件、ノモンハン事件まで、日本は本格的な戦争を体験することがなかった。その間に日本の陸軍の体質は大きく変わっていきます。つまり、本格的な戦争をしない軍隊においては官僚化が進む。演習では企画立案者が評価するから、結果は成功か大成功にしかなりません。それが後に大きな負け戦への道をつくったと考えられます。

意外に重要なのは、第一次大戦の影響です。日本にとって第一次大戦は周辺的な戦争のように思われていますが、実はかなり本格的に関与していた。中でも、地中海に海軍艦隊を送って、本格的な近代戦を見たことが大きいと思います。

それから、日本において明治維新以来続いていた親ドイツ的な感覚が、第一次大戦で切り替えられた。これは、インテリジェンス戦略の上でも非常におもしろいのです。

中公新書から一九七九年に出ている『日の丸アワー――対米謀略放送物語』という本があります。著者は池田徳眞《のりざね》という徳川慶喜《よしのぶ》の孫で、東京帝国大学を出てオックスフォード大学で旧約聖書学を研究した後、オーストラリアのメルボルンの日本公使館に勤務しているときに開戦になり、交換船で帰国します。それから外務省のラジオ室で短波傍受に携わった後、謀略放送の責任者になる。英米軍の捕虜を使った放送劇などをやって敵の戦意をくじこうとする「日の丸アワー」を指揮した人物です。

彼が『プロパガンダ戦史』（中公新書）という本に書いているのですが、大正五年（一九一六年）に丸善から、スコットという謎の人物の『是《これ》でも武士か』という本が出た。英語と日本語半々で、ドイツ人がいかに残虐かを描いた連合国側の宣伝文書ですが、これはインテリジェンスの最高傑作だという。この本を訳したのが、名前は入っていないけれども、実は柳田国男《やなぎたくにお》だったらしい。こういう情報戦、すなわち武器なき戦争によって、日本人のドイツ感情をひっくり返したわけです。

ちょっと時代を先取りすると、昭和十五年（一九四〇年）の日独伊三国軍事同盟のときにも、大規模なインテリジェンス戦が行われます。原節子《はらせつこ》が出演した映画「新しき土」（一九三七年）は、ドイツ語では「Die Tochter des Samurai（侍の娘）」。伊丹万作《いたみまんさく》がドイツの巨匠アーノルド・ファンクと共同で監督して、ゲッベルスのもとでつくられた日本初の国際合作映画です。これが日本だけでなく世界各国でヒットして、日本人のイメージを変えたわけです。

こうした情報戦が本格的に始まる第一次大戦において、『是でも武士か』という謎の文書によって、文学が政治意思決定に影響を与えたというのも大正時代のおもしろさです。

富岡　確かに日本は第一次大戦でドイツと戦って、山東省の青島やパラオを含むドイツ領南洋諸島を委任統治していくわけだから、実質的に敵国ドイツの領土を奪った。背景にそうした情報戦があったというのは非常におもしろいですね。日本の国際関係は明治三十五年（一九〇二年）の日英同盟に始まり、第一次大戦を経て大正十年に日英同盟を破棄して日独伊三国同盟へいく。そういう変転の中に、大正という空間が成立していたわけです。

自家中毒化する言説空間

佐藤　大衆文学のほうでは、大正の終わりごろから日米決戦物が多くなっていきます。大正九年（一九二〇年）に刊行された樋口麗陽《ひぐちれいよう》の空想日米戦記『小説日米戦争未来記』はベストセラーになりました。それらを含めて、柄谷行人《からたにこうじん》さんが「一九七〇年＝昭和四十五年――近代日本の言説空間」（『終焉をめぐって』所収）で言うように、一見国際的に開かれているように見えて実はきわめて国内的な言説があふれて、私の表現で言えば、一種の自家中毒みたいなところに陥っていく。その起点も大正にあるのではないか。

富岡　私も柄谷さんの論考を、非常に興味深く読み返しました。この中で柄谷さんは大正期について、重要な、かつ刺激的な指摘をしています。

「『大正的』な言説空間は、内村鑑三や岡倉天心《おかくらてんしん》がもっていた超越的な他者性・外部性を消去したところに成立した。それは白樺派や自然主義者、つまり、大正文学の作家たちが多く内村の弟子であり且つその背教者であったことからもいえるだろう。それはたんにキリスト教の廃棄ではなく、絶対的な他者性の消去であって、そのことが『大正的なもの』を特徴づけている。それは『日本的自然』の肯定として、あるいは、西洋とアジアという他者の消去としてあらわれたのである」（柄谷行人『終焉をめぐって』）

佐藤　確かにその通りですね。

富岡　大正期というのは、いわば明治から反転して、超越的な他者性・外部性が消去されていく時代だった。柄谷さんはこれを一九七〇年以降の日本とのアナロジーでとらえています。

「『大正的なもの』が検討に値するのは、すでに示唆したように、それが一九七〇年以降の日本の言説空間と類似するからだ。つまり、ありとあらゆるものを外から導入しながらなんら『外部』をもたない自己充足性、あるいは逆に、きわめてローカルであるのに世界的であると思いこむ誇大妄想的な島国性、さらに事実国際的に容赦なく進出していながらいささかの『侵略』の自意識もない自己欺瞞性、こういったものが典型的に示されるのは大正期だからである」(同前)

このアナロジーは実に興味深い。つまり大正期の日本は、日露戦争に続いて第一次大戦で海外とかかわり、外からいろいろなものを取り入れながら、しかし同時に内部にこもり、絶対性や他者性の感性から切り離されていく。この構造が大正の言説空間を形成しているというわけです。

この問題を応用するとたとえば、現在の日韓関係にもつながっています。日韓併合のプロセスを考えてみると、まず明治三十七年(一九〇四年)二月に日韓議定書を締結している。韓国の領土保全のために、日本軍は軍事上必要なところを全部押さえられるという内容です。そして翌三十八年十一月に、伊藤博文《ひろぶみ》がソウルで第二次日韓協約を結んだ。韓国政府が日本の仲介によらず条約その他を結ぶことを禁じるもので、ここで韓国の外交権の剝奪が行われます。

佐藤　韓国は日本の保護国になるわけですね。

富岡　さらに二年後の明治四十年に第三次日韓協約が結ばれて、日本は韓国内政の全権を持つ。こうして日韓議定書から始まり、韓国を完全に植民地化するプロセスをたどっていった。一方で、内田良平《うちだりょうへい》などのアジア主義者と韓国の親日団体一進会の李容九らが一緒になって、日韓の対等な合邦をめざす動きもありました。しかし結局は明治四十三年（一九一〇年）の日韓併合という形で、韓国に日本の皇民化教育が施され、創氏改名が行われていくわけです。

佐藤　ただし、日韓併合の時点においては、まだ日韓合邦とも読めたと思うのです。問題は次の神社参拝ですよ。大正八年（一九一九年）に朝鮮半島の総鎮社として朝鮮神宮が創られることになった。そこで朝鮮民族の始祖とされた檀君ではなく、天照大神《あまてらすおおかみ》を祭神とする神社への参詣を強制したことで、どこから考えても併合になったのです。しかも欧米の植民地支配と異なり、イデオロギー的に共通のものを要求する帝国化が行われた結果、侵略という意識がほとんどなくなる。

その中において、例えば在日朝鮮人作家、金達寿《キムダルス》の『玄海灘』に描かれるような、日本人以上に日本人的な韓国／朝鮮人も出てくる。あるいは、映画「ホタル」（降旗康男《ふるはたやすお》監督、二〇〇一年）で描かれるような、特攻隊員として死ぬ韓国／朝鮮人も出てくるわけです。

富岡　朝鮮半島の植民地化のプロセスは明治後半から始まるのですが、そのことが大正の言説空間の中で逆に意識されなくなり、日本人の内的意識から消えていく。まさに「外部」を持たない「自己充足性」がモダニズムとして表象化される。そうだとすれば、関東大震災後に朝鮮人の虐殺が起きたのは、民族差別というより、日本人の中に無意識化されていた「侵略」への恐怖かもしれません。

佐藤　その裏返しですね。

富岡　大震災を機にそれが一挙にひっくり返った形で、民衆の中に他者としての朝鮮人の存在が出てきたのではないか。

佐藤　自警団があったから虐殺が生じたという因果ではなくて、自警団は我々が持っていた無意識の恐怖の産物だったということですね。

富岡　そういう現象として見ていくと、大正の言説空間の特徴がよくわかります。

日韓関係における三重構造

佐藤　ユダヤ教におけるカバラの発想にちょっと似ていると思いませんか。我々は、光、すなわち合理性の空間を拡大してきたけれど、その裏面には光と同等の闇、非合理性が生まれている。そういう闇を我々は抱えている。この闇は隠されているが、何かきっかけがあるとクラッシュが起きる。大正時代の日本は対外進出を続けて光の領域を拡大していく一方で、国家が大きくなればなるほど闇が蓄積されていく。そして震災を機に、光と闇の世界のクラッシュが起きた。

近年問題になっている日韓基本条約について言えば、締結された一九六五年（昭和四十年）時点で日本の一人当たりＧＤＰ（国内総生産）は約九百ドルで、韓国の八倍でした。しかし今の韓国の一人当たりＧＤＰは三万一千ドルで、日本の三万九千ドルとほぼ並んでいる。そこまで急速にキャッチアップしてきた韓国の中には相当な闇がたまっているわけです。その闇がクラッシュして、爆発した。

私は、日韓関係は三重構造になっていると思うのです。

一番目は、積年の歴史的な問題です。ここで、日本の植民地支配の負の遺産という側面に対し、「宗主国の責任」という切り口が必要だと思います。例えば、一九八六年に私が外務省の研修生としてイギリスに留学したときのことですが、ヒースロー空港に着くと、「UKシチズン」と「フォーリナーズ」の間に、「コモンウェルス（英連邦）」という入り口がありました。これは旧植民地の人々のためのもので、コモンウェルスを直訳すれば共栄圏です。イギリスは旧植民地に対しては見返りを求めずに、就労や留学に際して優遇措置を与えている。これは宗主国の責任という発想です。

日本の場合、台湾に対しては宗主国の責任を果たせた。いつ果たしたかというと、一九七二年の日中国交正常化です。あのとき中国の論理に従って台湾は中国の一部だと切り離すこともできたが、そうしなかった。あそこまで頑張る必然性は、自民党内の台湾ロビーの影響だけでは説明できないのです。これは明らかに国民世論を含めて、かつて台湾を植民地にしていたのだから、宗主国の責任があるという認識だった。さらに言うなら、沖縄についても戦後、アメリカの信託統治として切り離す可能性がありました。そうしなかったのは、やはり宗主国の責任という意識があったからです。

ところが、なぜか我々は朝鮮半島に対してだけは宗主国の責任という意識が希薄なのです。宗主国の責任というと、韓国の側でも上から目線で何だと反発する。だから、韓国に対しては宗主国の責任というアプローチで問題を見なくなってしまった。

二番目は、先ほど言ったように日韓の経済力が接近してきたことです。この問題は今生じたのではなくて、李明博《イミョンバク》大統領が竹島に上陸したとき（二〇一二年八月）がカイロスだった。あの行為には、もう日本が怖くないほど国力が接近したという韓国の認識があったと思うのです。

三番目として、私は近年の日韓関係の爆発を、地政学的な変動だと考えています。地政学的とはこういうことです。国家の類型には「大陸国家」と「海洋国家」があり、大陸国家は領域を拡張していくことで国益を増強する。それに対して海洋国家は、経済を強化して海外との貿易ネットワークをつくることで国益を拡張する。そして半島国家には、大陸国家と海洋国家の両方の要素がある。

韓国は元々半島国家ですが、一九五三年に朝鮮戦争が休戦した時点で北緯三十八度線付近に軍事境界線が設けられたことで、韓国にとって北朝鮮は、地政学的には海になってしまった。そのため韓国は実質上、島国として、海洋国家の形で発達するしかなかった。日本のＧＤＰの十六％が輸出によって占められているのに対して韓国では輸出が三十八％

と、極端な海洋国家です。それだから彼らは教育を重視して、海外とのネットワーク化を進めてきたわけです。

ところが、二〇一八年六月十二日にアメリカのトランプ前大統領が北朝鮮と交渉を始めた結果、朝鮮半島の安定が目に見えてきた。そうすると、三十八度軍事境界線が消えるのは時間の問題で、韓国は本来の半島国家になる。だから日本が韓国を輸出管理上の優遇対象とする「ホワイト国」から外すなら、半導体生産に必要なフッ化水素などは中国から輸入すればいい。日本が手を打つごとに一歩一歩、韓国は中国へ近づいていくわけです。これは地政学的必然なんですよ。

それに対して、日本はカウンターバランスをとるためにロシアに接近すると同時に、北朝鮮にも接近していく必要がある。そこで日朝国交正常化交渉をする場合、日韓基本条約の、大韓民国は朝鮮半島における唯一の合法政府であるという条項とぶつかるのです。だから日本にとっても、日韓基本条約の改定が必要になると思います。

富岡　私がおもしろいと思うのは、まさにその問題です。つまり、日韓基本条約を改定する時期に来たということ。一九六五年に日韓基本条約が結ばれるまでの経緯を調べてみると、十年以上前から延々とやっている。第一次会談が一九五二年で、日本は韓国に対して一歩一歩押したり引いたりしながら、結局、当時高度成長に入っていた日本が経済的に圧倒的に強かったために、韓国を抑え込む形になったんですね。

大正時代にモダニズムがあったように、一九七〇年代、八〇年代の日本人は高度成長からポストモダニズムの意識の中で「おいしい生活。」（糸井重里《いといしげさと》）を生きていた。しかしその後、日本の経済的な衰弱や、さまざまな国家的な矛盾が顕在化し、三・一一も起こって、成長の限界がカイロスとして現れたわけです。一番の問題は日本人が日韓基本条約の経緯を、まさに大正的なモダンの言説空間と重なるポストモダニズムの謳歌《おうか》の中で忘却してきたことではないか。

佐藤　そう思います。しかし韓国の側はそれを忘れていません。だから、彼ら彼女らは教育で対応した。韓国の極端な教育熱の背後にあるのは、日本への対抗心だと思います。韓国のエリート層が日本に来たとき、英語力や、あるいは韓国は文理が融合していますから、文科系の人の理科系知識、理科系の人の文科系知識と比べると、日本のエリート層の能力はきわめて低く見えるのです。何でこのレベルの連中が今でも我々よりデカイ顔をしているのか。その反発は、保守も革新も関係なく韓国の全体を覆っています。

富岡　日本の方でも、ポストモダン的言説空間が完全に崩壊し、国際社会の激動の中にさらされて、初めて歴史的な問題が見えてきた。そこで佐藤さんの言うように、日本人が抱える闇も、朝鮮人が抱える闇も出てきている。そうした現在の状況の中で、大正期の言説空間を再検討することには非常にアクチュアリティがあると思います。

第一次世界大戦の衝撃

富岡　さきほど佐藤さんもおっしゃったように、大正期において大きかったのは第一次大戦の衝撃です。

前章の対話でもふれた内村鑑三は、明治二十四年の教育勅語奉読式で最敬礼しなかったことが問題視されて第一高等中学校の嘱託教員を辞めた。その後、明治三十三年（一九〇〇年）に日本で最初の聖書雑誌「聖書之研究」を創刊して、在野の伝道者となっていきます。かつてアメリカに留学した内村は、キリスト教国が相争う第一次世界大戦の勃発に、非常に大きな衝撃と失望を受けたのです。

佐藤　その衝撃は、二十世紀最大の神学者といわれるカール・バルトと通底していますね。第一次大戦に際し、ドイツの知識人たちは戦争を容認する「知識人宣言」を出した。

その中に自分が師事した神学者ハルナックの名を見たバルトは、神学が皇帝の戦争に支持を与えてしまった、これまでの神学はすべて崩れたと痛烈に批判して、新約聖書の「ローマ書（ローマの信徒への手紙）」を徹底的に読み直し、『ローマ書』を著す。内村はバルトを知っていたのでしょうか。

富岡　当時は知らなかったと思います。

スイスの牧師だったカール・バルトは第一次大戦の危機に際して、それまでの近代的なキリスト教を転換し、終末論を中心に据えた「危機の神学」（弁証法神学）を提唱していきます。バルトの『ローマ書』は一九一九年に一版が、二二年に二版が出てセンセーションを巻き起こしますが、内村はその後に弟子からバルトの終末論について聞いて、「俺と同じことを言っているやつが向こうにいるのか」と驚いたそうです。

佐藤　そこが非常に重要です。内村鑑三とカール・バルトの二人は、まったく切り離された場所において「時のしるし」を捉えることができた。裏返して言うと、それまで時代の危機をぼんやりとした形で意識した人はいるけれども、バルトが分節化するまで気づかなかったわけです。

富岡　内村は大正七年（一九一八年）、第一次大戦の終結とほぼ時を同じくして、再臨運《さいりん》動を始めます。再臨というのは、世界の終わりの日にイエス・キリストが再び地上に来るという、聖書で証されている最後の救済の約束です。

佐藤　終末論的時代認識に基づいたものですね。

富岡　内村はバルトと同様、第一次大戦後に聖書をもう一度読み直して、まさに終末論が信仰の重要な契機になっていく。それで大正七年一月から一年半ぐらいかけて、神田のキリスト教青年会館を軸に、全国各地で再臨を説く運動を展開するわけです。これにはホーリネス教会とか、組合教会とか、その他いろいろな教会も協力して、神田の青年会館の講演会には千人以上の聴衆が集まった。さらに大阪、北海道、福島、山形、岡山なども回る中で、キリスト教をほとんど知らなかった当時の日本の民衆が熱狂的に反応していくのです。

逆に言えば、大正モダニズムの光の中で抑圧されていた闇の部分が、第一次大戦後の再臨運動という形で、はっきりと出てきた。つまり内村の再臨運動は、反ヒューマニズム、反モダニズム、近代の超克という形で、大正的な言説空間に絶対的な他者性を導入したのではないか。まさに大正の言説空間を垂直に切断する出来事ではなかったかと思うのです。

佐藤　おもしろいですね。ドイツにおいては、第一次大戦後の打ちひしがれた実存的な危機の状況下で、哲学者ハイデッガーも、神学者ゴーガルテンやアルトハウスも、ナチスに協力していく。バルトと同じ時代の「しるし」と出会っていても違う方向へ行ってしまうのは、第一次大戦の原体験の違いだと思います。

一方でチェコの神学者ヨゼフ・ルクル・フロマートカは、バルトと同じ了解に立ちつつも楽観的なんですよ。それはなぜかと、バルトの弟子だったヨゼフ・スモリークという実践神学者に聞いたのです。そうしたら、「それは第一次大戦のインパクトが違うからだ。オーストリア・ハンガリーが解体してチェコスロバキア国家が独立した第一次大戦は、チェコにとっては解放戦争だった。しかしドイツにとっては徹底した敗北であり、オーストリアにとってもそうだ。ところがバルトのいるスイスは両方から距離がある。その違いを押さえておかなければいけない。では日本は？」と聞かれて、そのときは答えられなかったのですが、今お話をうかがって、日本の感覚はスイスに近いのかなと思いました。

それに対してアメリカの最大の問題は、第一次大戦のインパクトがわかっていないことです。十九世紀ヨーロッパ的なロマン主義がなかったアメリカは今も十八世紀の国であり、啓蒙的理性によってすべての問題が解決できるという発想がプラグマティズムと結びついている。だからアメリカには第一次大戦後の危機的な状況が皮膚感覚でわからない。

富岡　危機意識の受けとめ方がないということですね。

佐藤　そうです。ナチス政権下でアメリカに亡命したフロマートカは、プリンストン神学校でドストエフスキーとバルトについて授業をするのですが、毎回学生から「それは現実に対してどんな意味があるのか」と質問された。神学生たちにはドストエフスキーやバルトが抱えていた問題が分からない。この人たちにとって重要なのは、宣教がどこまで拡大するか、教会員を何人ふやしたかという定量化、統計の思想です。物事を統計によって考え、すべてを定量化してしまう。しかしこの定量化は戦争のために不可欠なものです。

富岡　大正期の日本には再臨運動だけでなく、いろいろな新興宗教も出てきますね。当時の日本人には、大正モダニズムの明るさの中に実は深い危機があるという意識が直感的にあって、そういう運動に反応していったのではないかと思います。

格差社会を批判した『貧乏物語』

佐藤　別の角度からみれば、大正時代は成金の下品さが露呈した時代でした。十円札でサンマを焼くなんて話が伝えられる下品さは、九鬼周造《くきしゅうぞう》が言う「いき」の逆ですね。媚態と意気地と諦めのバランスの中に「いき」の構造があり、そのバランスが崩れると野暮になり、下品になる。そういう下品力が、大正時代に噴き出すわけです。一方で出てくるのが、河上肇《かわかみはじめ》の『貧乏物語』です。

富岡　成金は、まさに大正期の近代産業の発展とともに誕生したものですね。成金とそれに対する『貧乏物語』の関係も、大正期の特徴です。『貧乏物語』が連載された大正五年には、工場法が施行されている。これは日本で最初の社会政策立法です。当時、工場労働者が官民合わせて百万人ぐらいいた。その半分以上が女性で、しかも若い少女たちでした。

佐藤　そういう意味において、大正は女性の活躍の時代だったとも言えます。

富岡　当時、生糸工場や紡績工場で働く女子労働者は一日十五〜十八時間の労働時間で、結核などで次々と死亡者が出ていた。そこで労働者保護のための工場法が明治四十四年に公布され、大正五年九月に施行された。これは労働者の権利というより、産業発展のために労働力の保護が必要だという発想でしたが、それも実質的には資本家によってザル法になっていく。最近の働き方改革とか「女性が輝く社会」とそっくりですね。これに対して

『貧乏物語』は、今日で言う格差社会を批判したわけです。

佐藤　『貧乏物語』は時代を先取りしていたと思うのです。貧乏の解決のためには、人間の良識によって儲かっている部分を再分配しろと唱えた。おもしろいのは、この貧乏は西洋渡来の貧乏だ、今までの「稼ぐに追いつく貧乏なし」という日本の伝統的貧乏とは違うと指摘していることです。

富岡　まさに明治以降の西洋化、近代化がもたらした貧困を、はっきり捉えていますね。

佐藤　それを国家による統制の強化ではなく、人間の良識によって解決していこうとした。格差を社会的に解決しようというヒューマニズムですが、マルクス主義者から非科学的だと批判されて、河上は『貧乏物語』を封印してしまう。しかし今、我々は再びそこに回帰しているわけです。

富岡　ロシアのアナーキスト、クロポトキンの相互扶助論と重なりますね。アナーキズムは無政府主義と訳されますが、彼がめざすのは社会における相互扶助です。哲学者の大窪《おおくぼ》一志《かずし》さんが二〇一二年に訳したクロポトキンの『相互扶助再論』は非常にいい翻訳で、やはり今の時代が、こういうものを要求していると直感的に思いました。

佐藤　私もそう思います。アナーキズムがマルクス主義に敗れたというのは誤解で、世界のどの国でも、アナーキズムは底流として残ったんですよ。二〇一八年フランスで起こった政府への抗議行動としての「黄色いベスト運動」も、根の部分はアナーキズムです。

富岡　クロポトキンはアナーキズムの道義について、人間社会でも動物集団でも、相互関係における対等、そこから生じる連帯が最も強力なものであると書いている。ここにアナーキズムの意味があったのではないか。

佐藤　アナーキズムの中には、二つの類型があるのです。一つ目はクロポトキンや、資本主義を批判したプルードンの、相互扶助をベースとする「アナーキズムＡ」（社会主義的アナーキズム）。それに対してもう一つの「アナーキズムＢ」は、マックス・シュティルナーが唱えた、自己の絶対的自由にこだわり、それを阻害するものを一切否定するニヒリズム（個人主義的アナーキズム）。

人間は社会的動物だから相互扶助するのは自明だと考えるプルードンやクロポトキンたちがいると同時に、人間というものは自己以外すべて無だというアナーキズムもある。どちらも人間とはそういうものだと考えているけれど、実は根っこの人間観が全然違う。政治的実践としては既存の国家や政府を否定するという帰結が同じだから、アナーキズムという一つの言葉でくくられるけれども、倫理的指針は正反対なのです。そこは押さえておいた方がいい。
富岡　昭和になると、マルクス主義、ボリシェビズムが、ある種の絶対性として日本に入ってくるのですが、その前の大正時代にあったアナーキズムの可能性は重要な意味をもっているし、クロポトキンの相互扶助論は、むしろ現代日本の格差社会の中で見直されるべきものだと思います。保守思想は社会や国家の安定のために、本来はこの意味でのアナーキズムと親和性を持つべきでしょう。

新しい女を描いた『或る女』

富岡　大正期の小説を見ていくと、有島武郎の『或《あ》る女』が圧倒的で、まさに大正時代の代表作と言えると思います。
佐藤　現代性もあるので、ちょっとアレンジすれば、松本清張の『黒革の手帖』のように何度もドラマにしていけるような作品ですね。
富岡　正宗白鳥《まさむねはくちょう》がこれを読んで、「漱石だつて、「或る女」の作者に比べると、人間の観察がよほど甘いのである。」と書いている。白鳥は非常に鋭い文芸批評家ですけれども、有島は尾崎紅葉《こうよう》はもとより、漱石よりも断然すばらしい作家だとはっきり言っています。

佐藤　主人公の葉子がアメリカに渡っていくところなど、国際的な視野もありますね。

富岡　『或る女』は大正八年に刊行された小説です。美貌で才気がある早月葉子は従軍記者の木部と恋愛結婚するのですが、二ヵ月で離婚した後、木村という婚約者が待つアメリカへと船で渡る。ところが船の中で事務長の倉地という、たくましい魅力を持つ男性のとりこになって、そのまま船を降りずに帰国し、倉地と暮らすようになる。当時の社会や道徳に反抗して自由奔放に生き通そうとする、新しい女の感情と行動を描いた作品です。

木部のモデルは国木田独歩《くにきだどっぽ》で、葉子はその妻だった佐々城信子《さささきのぶこ》だと言われますが、重要なのは、作中に内田というキリスト者が出てくることです。葉子は幼いころ母親に連れられて内田に会い、内田は葉子を非常に可愛がるのですが、彼女が結婚するとき、非常に怒るわけです。その後、葉子がアメリカに行く前に会いに行っても、面会を拒否されてしまう。

佐藤　やはり内村鑑三を相当に意識していますね。内田が葉子の結婚に対して怒ったのは、嫉妬というよりも一種の支配欲を感じます。弟子が自分のフレームの外側に出ることに対する、強烈な怒りと支配欲。内村鑑三が唱えた、教会の権威を否定する無教会主義の共同体の中で、親分・子分関係が非常にきついことと二重写しになりました。

富岡　内田は、明確に内村鑑三がモデルになっています。有島武郎は明治三十年、十九歳のときに内村と出会い、内村が創立した札幌独立キリスト教会に入会して、最も優秀な門下生として深く信仰に入った。しかしアメリカ留学から帰国後、信仰を捨ててしまう。そして関東大震災の三ヵ月前に、「婦人公論」記者の波多野秋子《はたのあきこ》と軽井沢で情死する。内村はただちに、「背教者としての有島武郎氏」という文章を書いています。

佐藤　有島の信仰への入り方は比較的ストレートですね。理解が早くて、すぐ入っていく。柄谷行人さんは『憲法の無意識』で、我々がなぜ外圧的に押し付けられた憲法を変えられないかということを、内村のキリスト教体験と重ねています。内村は札幌農学校で、先輩に信仰を強要された。嫌だと抵抗したのに強要されて入信し、深層を支配されたから、その後ほかの人は簡単に信仰から離れたけれども、彼は離れることができなかった。しかもその信仰は内村がもともと持っていた武士道と合わさって、武士道的キリスト教という形でずっと残る。

そのことを思い出したんですが、有島の場合、内村のように強要された信仰ではなくて、自分から関心を持ち、自分の選択で選んだ信仰だったから、逆に捨てることもできたのではないか。神学部でも、わかりが早くてスーッと入ってくる学生は離れるのが早い。わかりの早さと、離れるときの抵抗感の少なさとが比例している気がします。わかりが悪くて、しかも外から強制された信仰の方が離れられない。

富岡　その方が強靭ですね。ただ有島の場合、『或る女』は新しい女を書いたとか言われているけれども、私は、「ボヴァリー夫人は私だ」と言ったフローベールのように、まさに有島自身の魂の形を、葉子を通して完全に描き切った作品だと読むべきではないかと思っています。

佐藤　そうすると、葉子の最後の描き方も関係しているのですか。自分もあのように始末をつけなければいけないという思いが有島にはあったのでしょうか。

富岡　あったと思います。葉子は自由奔放に生きて、最後は倉地に裏切られ、それでも自分の意思を押し通そうとしながら、子宮後屈症で手術を受け、貧しい病院で最期を迎える。死までは描かれず、葉子を襲う痛みを描いて小説は終わるのですが、興味深いのは、最後の苦しみの中で、葉子は内田に会いたいと思うのです。

「葉子はその時不思議ななつかしさを以って内田の生涯を思いやった。あの偏頗《へんぱ》で頑固で意地張りな内田の心の奥の奥に小さく潜んでいる澄み透った魂が始めて見えるような心持ちがした」（有島武郎『或る女』）

ここを見ると、有島の中には背教者としての自覚はあっただろうけれども、最後に、かつて内村鑑三を通して自分がふれた神の絶対性への希求が、非常に強く出てくる感じがするんですね。そういう意味で、『或る女』の終わり方は、まさに有島自身の魂の最後の形を描いている。

ただこの場面で、内田は葉子のところへ来るか来ないか、わからないわけです。ベケットの『ゴドーを待ちながら』のように、ゴドー、神が来るかどうかわからない。自分に救済の絶対性が来るかどうかわからない。最後はそういう切断された形で作品が終わっている。これは有島の考え抜いたラストシーンであって、その辺がおもしろいと思うのです。

佐藤　有島は背教者だけれども、こだわる点は神の絶対性なのですね。もう一人、大正期に活躍した背教者である高畠素之《たかばたけもとゆき》は、神の絶対性ではなくて、人間の原罪にこだわった。高畠は同志社在学中にキリスト教を離れて社会主義運動に入り、のち国家社会主義を唱えますが、武田清子が『正統と異端の〝あいだ〟』の中で指摘したのは、キリスト教を捨てた後の高畠が一貫して原罪の意識、罪の意識を持っていたということです。同じ背教者でも、復活と栄光の背教者が有島で、受肉と十字架の背教者が高畠です。

富岡　高畠と有島は、そういう意味で対になっている。

高畠は日本で初めて『資本論』を翻訳して、大正十四年〜十五年に完成訳を出しています。実は有島も、内村だけでなく社会運動家の木下尚江《なおえ》に影響を受けていた。つまり大正時代に、キリスト教とマルクス主義という二つのものがセットになって入ってきたんですね。

佐藤　時系列でいえば、キリスト教とマルクス主義には二千年近い差があるのですが、日本の場合は同時に入ってきた。

富岡　大正期に内村の弟子であった人たちは、その後マルクス主義に行ったり、あるいは白樺派的ヒューマニズムに流れていきます。その中で有島は例外的な作家でした。

佐藤　ある意味で「神」の代わりに共産主義を信奉するという形の、マルクス主義へは行かなかったわけですね。

金子文子のアナーキズム

富岡　もう一つ、大正期を象徴する存在として参照したいのは、朴烈と金子文子です。最近映画にもなって日韓で公開されました（「金子文子と朴烈《パクヨル》」イ・ジュンイク監督、韓国二〇一七年、日本二〇一九年）。

朴烈と金子文子は関東大震災直後に検束され、これはもちろん意図的な検束ですけれども、爆弾を持ち込んで天皇暗殺を企てたという大逆罪で死刑宣告を受けた。その後、天皇の恩赦で減刑されるのですが、文子はこれを受けずに獄中で縊死《いし》する。一方、朴烈は戦後出獄すると民団（在日本朝鮮居留民団、現・在日本大韓民国民団）に入り、反共主義に行くんですね。

佐藤　韓国の歴史教科書を読むとおもしろいのは、伊藤博文を暗殺した安重根などが英雄として大きく扱われているかと思うと、意外に扱いが小さいのです。なぜかと言えば、狙ったタマが小さいから。それに対して朴烈は大きく扱われています。

富岡　彼が狙ったのは日本の国体ですからね。その朴烈の愛人だった金子文子の『何が私をこうさせたか』は、獄中で書いた自伝です。

佐藤 当時、予審中の二人の写真が流出してスキャンダルになりましたね。

富岡 二人が監獄で寄り添っている写真を、北一輝《きたいっき》が与党憲政会批判のために使ったものです。朴烈事件は、そういう側面も含めて衆目を集めた事件でした。

文子は非常に貧しい家に生まれ、両親が籍を入れなかったために無籍者として育って、周囲の大人に虐げられながら生きてきた。九歳のとき、大正元年に祖父母の五女として入籍して朝鮮に渡っています。祖父母の元でも女中として酷使されるのですが、朝鮮における植民地支配の差別も目のあたりにする。その後帰国して朴烈と出会い、無政府主義運動に入っていく。

佐藤 文子において大きかったのは、大正八年（一九一九年）に朝鮮で起きた反日独立運動、三・一独立運動だと思います。彼女にとって、三・一独立運動が一つのカイロスだったのではないか。三・一独立運動の暴動は朝鮮全土に広がりましたが、武力できびしく鎮圧されて、見せしめ的に路上で首をつるされたりしています。ナチスがウクライナやポーランドに入ってきたときと近い情景が可視化された。大多数の日本人植民者はそこでおびえたのですが、文子は逆にそれを見て自分の軸足を、日本人でない側に置いた。虐げられてきた自分自身の境遇と重ねて、朝鮮人たちのほうに共感したのです。これは非常に興味深い原体験です。

富岡　文子は自らの経歴の中から、こういう考え方に至ります。

「この頃から私には、社会というものが次第にわかりかけてきた。今までは薄いヴェールに包まれていた世の相《すがた》がだんだんはっきりと見えるようになった。私のような貧乏人がどうしても勉強も出来なければ偉くもなれない理由もわかってきた。富めるものがますます富み、権力あるものが何でも出来るという理由もわかってきた。そしてそれゆえにまた、社会主義の説くところにも正当な理由のあるのを知った。

けれど、実のところ私は決して社会主義思想をそのまま受け納《い》れることができなかった。社会主義は虐《しいた》げられたる民衆のために社会の変革を求めるというが、彼らのなすところは真に民衆の福祉となり得るかどうかということが疑問である。『民衆のために』と言って社会主義は動乱を起すであろう。民衆は自分達のために起ってくれた人々と共に起って生死を共にするだろう。そして社会に一つの変革が来《きた》ったとき、ああその時民衆は果して何を得るであろうか。

指導者は権力を握るであろう。その権力によって新しい世界の秩序を建てるであろう。そして民衆は再びその権力の奴隷とならなければならないのだ。しからば、××とは何だ。それはただ一つの権力に代えるに他の権力をもってすることにすぎないではないか」（金子文子『何が私をこうさせたか』）

伏せ字になっている××はたぶん「革命」でしょう。こういう洞察をしているところは非常におもしろいと思いました。

佐藤　文子の自伝を読むと、キリスト教との関わりが意外に深いんですね。教会や救世軍にも出入りしているし、今引用された「薄いヴェールに包まれていた世の相」というのは、パウロが「コリントの信徒への手紙」の中で、「わたしたちは、今は、鏡におぼろに映ったものを見ている。だがそのときには、顔と顔とを合わせて見ることになる」（「コリントの信徒への手紙一」十三章、新共同訳）と言っていますね。それが彼女の中に受肉化しているのではないか。

「薄いヴェール」に包まれておぼろにしか見えないものが、終わりのときには全部見える。自分にはそれがもう見えたのだという、まさに終末論的な構成です。これは最終的に全部が見えてくるという結論に向かって書かれた手記ですね。この思考は非常にキリスト教的です。

富岡　文子は幼い頃、無籍のせいで学校に入れないので貧民街の長屋で勉強を教えてもらう。当時キリスト教の人たちがセツルメントという居場所をつくって、貧しい子どもたちに勉学を教えていた。年少の時期に、そういう運動に触れているわけです。

金子文子は自らの生い立ちから、アナーキズムという思想を受肉していた。天皇の恩赦に対して縊死したというのは、アナーキズム的な大逆として解釈できるのではないかと思います。

佐藤　天皇の恩赦を、死によって根源的に拒否するわけですからね。

富岡　文子がそういう形で亡くなったのが大正の終わり、大正十五年ですから、まさに大正期の象徴的なアナーキストと言っていいでしょう。文子の最後の決着の付け方は、『或る女』の葉子の最期の陰画（ネガ）のような形だと思います。貧困の中からアナーキズムを受肉し、自ら死を選んだ文子と、大正期の自由を生きながら最後は痛みの中で死んでいく葉子。この二人の女性の間に、大正の言説空間の特徴が表れているのではないか。葉子は作中の人物ですが、先ほど述べたように有島自身と置きかえられる。有島は死の前年に、地主として所有していたニセコの農場を小作人に開放しています。

佐藤　有産階級の、悔い改めたエリートという立場ですね。

もう一つ興味深いのは、大正期には、獄中でこういう自伝的な文章をつづることを許す余裕があったことです。もう少し時代が下がって昭和になると、共産主義者の転向上申書以外は書くことを許されないでしょう。

富岡　治安維持法が大正十四年ですね。その前の治安警察法は政治活動や社会運動などの具体的な行為を制限するものでしたが、大正十四年の普通選挙法とあわせて治安維持法が制定された。治安維持法は、「国体もしくは政体を変革し、または私有財産制度を否認することを目的として結社を組織した者」を取り締まると規定されているから、ここではっきりと国体と私有財産制度が結びつく形で出てくる。ブルジョア勢力と国体の結びつきという、それまでの治安警察法とはまったく違う次元になってきます。

佐藤　なるほど、そうですね。

富岡　まさに大正期の初めから、国体の問題は続いていました。美濃部達吉《みのべたつきち》が明治末年に発表した『憲法講話』で、天皇は国家の最高機関であり、国家に属する統治権の主体であるとしたのに対し、天皇主権説を唱える上杉慎吉《うえすぎしんきち》が反論していく。昭和になってさらに過激に出てくる国体論の問題は、実は大正期を通して底流していたし、明治憲法の解釈改憲みたいなことも行われていった。

このように、大正期の日本は帝国主義的な対外進出によって国際社会とかかわりながら、外部を消去した内向きの論理をつくり上げていく。その裏側では植民地支配の闇や近代化が生んだ格差と貧困が広がり、これに対抗する形でアナーキズムやマルクス主義、キリスト教などの思想が力を得ていく。そうしたいわば光と闇のせめぎあいの中に、大正の言説空間の多様性があったし、現代につながる様々な問題の起点が見出せると思います。

〈大正〉を読み解く参考書

池田徳眞『日の丸アワー――対米謀略放送物語』中公新書、一九七九年
池田徳眞『プロパガンダ戦史』中公文庫、二〇一五年
J・W・R・スコット『是でも武士か』丸善、一九一七年
樋口麗陽『小説日米戦争未来記』大明堂書店、一九二〇年
柄谷行人『終焉をめぐって』講談社学術文庫、一九九五年
柄谷行人『憲法の無意識』岩波新書、二〇一六年
金達寿『玄海灘』講談社文庫、一九七五年
河上肇『貧乏物語』岩波書店、一九六五年
河上肇著、佐藤優訳『現代語訳　貧乏物語』講談社現代新書、二〇一六年
ピョートル・クロポトキン著、大窪一志訳『相互扶助再論――支え合う生命・助け合う社会』同時代社、二〇一二年
有島武郎『或る女』新潮文庫、一九九五年
カール・マルクス著、高畠素之訳『資本論』全五巻、改造

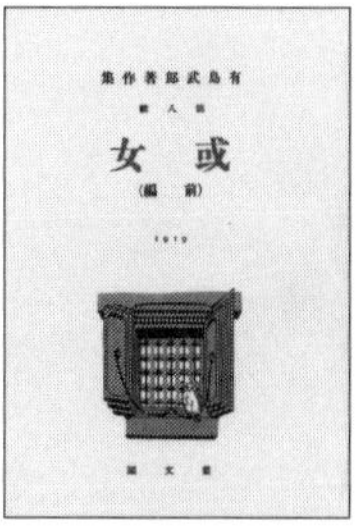

有島武郎
『或女』
（1919年、叢文閣）

金子文子
『何が私をこうさせたか』
（2017年、岩波文庫）

柄谷行人
『終焉をめぐって』
（1995年、講談社学術文庫）

社、一九二七年
金子文子『何が私をこうさせたか――獄中手記』岩波文庫、二〇一七年

第三章

戦前篇

挫折した「近代の超克」

大正十年＝昭和の始まり

富岡　第三章では、昭和前期（戦前）を扱います。大正十五年（一九二六年）十二月二十五日に大正天皇が崩御して昭和天皇が即位し、昭和が始まりました。ただ、大正から昭和への転換をより正確に見るためには、むしろ大正十年（一九二一年）十一月二十五日に皇太子裕仁《ひろひと》親王が摂政に就任した時点を、昭和の始まりと捉えていいのではないかと思います。

大正十年は内外共に、日本の転機となる年でした。国内ではこの年の十一月四日に、原《はら》敬《たかし》首相が暗殺されます。国際情勢によく通じ対外協調を唱えた原は、最初の政党政治家として強いリーダーシップを持っていました。加えて翌年、軍と政界に影響力を持つ元老の山縣有朋《やまがたありとも》が亡くなり、政治政党から軍部へ権力が移るという昭和の流れが出てきます。

国際的には十一月十二日から、ワシントン会議が始まります。第一次大戦後の世界秩序の再編を掲げてアメリカが主導し、イギリス、日本、フランス、中国ほか九ヵ国が参加して、海軍の軍縮と太平洋及び中国における権益の現状維持が決まる。これは日清・日露戦争、第一次大戦に勝利して力をつけてきた日本を抑える国際的合意であり、日露戦争後にドイツのヴィルヘルム二世が黄色人種の進出を警戒する黄禍《こうか》論を唱えたように、日本と欧米との対立が深まっていきます。

第二章で見たように、日本では大正期のデモクラシーやモダニズムの表層の下で蓄積していた、さまざまな矛盾やクライシスが一気に表に出てくる。昭和前期をそういう時代と規定できるかと思います。

佐藤　その時代区分は面白いですね。イギリスの歴史学者エリック・ホブズボームは、一七八九年のフランス革命から一九一四年の第一次世界大戦勃発までを「長い十九世紀」、一九一四年から一九九一年のソ連崩壊までを「短い二十世紀」と規定した。それになぞらえるならば、「短い大正」と「長い昭和」と言えます。原武史《たけし》さんの大正天皇の研究によれば、大正天皇を最も近くで見続けた政治家は原敬だった。そう考えると、やはり大正十年に一つの断絶がある、時代の区切りとしてのカイロスがあると思います。

ワシントン会議は二重の意味で重要です。一つは、日本は日英同盟によって日露戦争に勝利したけれども、その後同盟の改定を重ねて、最終的にワシントン会議で日英同盟は発展的解消という形になる。その内実は、日本を警戒するアメリカが日英同盟に介入し、最初は交戦対象からアメリカを外すところから徐々に同盟を解体していくプロセスだった。最後はフランスを巻き込んで四ヵ国条約を結ぶわけですが、これによって結局、日本は同盟関係を失って丸裸にされてしまった。しかし日本はそのプロセスを理解できず、同盟関係の深化だと勘違いしていたわけです。

富岡　非常に甘い認識だったと思いますね。

佐藤　もう一つ重要なのは、主力艦の比率をめぐって、「ブラック・チェンバー」問題という情報戦があったことです。

富岡　ワシントン会議の海軍軍備制限条約で、各国の主力艦の保有率をアメリカ10、イギリス10、日本6に制限した経緯ですね。

佐藤　日本は当初、米英10に対して7を主張していたのですが、その協議の過程で、日本の暗号電文がすべてアメリカに傍受解読されていたのです。アメリカの暗号解読機関「ブラック・チェンバー」の責任者ハーバート・ヤードリーがそれを暴露する本（『ブラック・チエンバ――米国はいかにして外交秘電を盗んだか？』）を一九三一年に毎日新聞から出版して大ベストセラーになり、戦後にも復刻されました。これに対して陸軍はポーランドと組んで暗号の強化を図ったことを、長田順行《ながたじゅんこう》という戦中戦後の暗号の第一人者が、『ながた暗号塾入門』という本で詳しく書いています。

つまり、ワシントン会議から本当の近代的な情報戦、サイバー戦が始まったわけです。それに日本はどう対応したか、現在の光で照らしてみると非常に面白い。

富岡　第一次大戦後のこの時期は、日本の急速な近代化による強さと同時に、西洋列強と対峙することで世界認識の弱点も一気に出てきますね。

佐藤　そう思います。それまでの日本は世界のマイナーリーグ扱いで手加減されていたけれども、第一次大戦後はメジャーリーグに出てしまった。するといきなりメジャーリーグのルールが適用されて、軍縮会議では抑え込まれる、今までのように同盟で庇護されない、暗号は読まれる。それに対抗して日本はさらに近代化を急ぐと同時に、近代化の矛盾の克服もしなければいけない。そういう課題が、大正十年の出来事に内包されていると思います。

富岡　年表を見ると面白いのは、ワシントン会議に対抗して一九二二年一月から、コミンテルン（共産主義インターナショナル）がモスクワで極東諸民族大会を開催し、日本からも徳田《とくだ》球一《きゅういち》らが参加していることです。つまり一方では英米を中心とする西欧列強の勢力があり、一方では、ロシア革命によって生まれた国際共産主義革命路線に、日本共産党も合流していく。

いずれにしても、大正の終わりから昭和初期は、国内外ともに大きな激動の時期でした。聖書の「コリントの信徒への手紙一」の七章二十九節に「時は縮まれり」という言葉がありますね。日本の近代百五十年の中でも昭和初期は、まさに「時」がぎゅっと縮まった、「時」の密度が高まった時代でした。

佐藤　一方で科学哲学のほうに光を当てると、ちょうど一般相対性理論が社会に影響を与え始めた時期でしょう。つまり、それまでのニュートン的な時間空間概念が維持できなくなってきた。アインシュタインが一般相対性理論を着想し、それが受け入れられるということは、現実の歴史においても「時」が変化していた。それに対応して新しい科学理論が現れたのだと思います。

富岡　当時は一種のアインシュタイン・ブームで、文学者たちも相対性理論のような新しい理論に強い関心を持ちました。

「ぼんやりした不安」に駆られて

富岡　昭和二年七月二十四日に芥川龍之介が、遺書に「ぼんやりした不安」という有名な言葉を残して、三十五歳で服毒自殺します。「不安」の要素としては関東大震災とか、プロレタリア文学の台頭とか、さまざまな個人的な要素があったと言われますが。

佐藤　芥川には、キリストの一生を描いた『西方の人』がありますね。

富岡　自殺したときの枕元に聖書が置いてあって、最後に書いたのが『西方の人』の続編でした。

この「ぼんやりした不安」という言葉はまさに時代から生まれたもので、ペリー率いるアメリカ東洋艦隊が日本に来航した一八五三年以来、西洋化に異常適応してきた日本人の集団的不安感が、この言葉に象徴されていると思います。その不安が昭和初年の経済恐慌などを背景に日本人を駆り立てる形で、外へと向かう衝動になった。具体的には、昭和三年六月の張作霖《ちょうさくりん》爆殺事件、昭和六年の満州事変、昭和十二年の支那事変（日中戦争）へと進んでいく。

またコミンテルンが大正八年（一九一九年）三月に結成され、一九二〇年十月には密使が日本に入り、一九二二年には日本共産党が非合法で結成されます。「ぼんやりした不安」が、一つにはイデオロギーとなって共産主義世界革命の方向へと向かう。もう一つは、テロリズムです。昭和七年の五・一五事件、十一年の二・二六事件といったテロリズムが出てくる。そのように、日本人の中に蓄積されていた集団的不安が、内と外に向かっていろいろな形で表れてきた時期でした。

佐藤　私も全く同じ意見です。かつて黒船の来航は我々に大きな脅威を与えたし、日露戦争ではロシアという明確な脅威によって、日本が滅ぼされるのではないかという恐怖があった。それに対して、第一次世界大戦に勝利した日本に、そういう具体的な脅威や恐怖はない。にもかかわらず、不安だ。ここで我々は初めて、深刻な心理的不安というものを抱えたのだと思います。だから芥川が、「ぼんやりした不安」を動機として自殺したのは、今に至るまでずっと続く、日本人の不安シンドロームの始まりだったのではないか。

カバラ（ユダヤ教神秘思想）の世界観では、上の方に光の世界があると、下の方には光の世界と同じだけの量の、闇の世界が現れる。この光と闇のギャップが不安を生み、それは何らかの形で解消しなければいけない。あるいは、不安のインカーネーション（受肉）という言い方もできます。不安が概念のままとどまっていることに耐えられず、現実的な形をとる。形のとり方はさまざまで、一つには軍事的な形で、対外的な膨張戦略になっていく。しかしそこでも不安は内包されているから、たとえば満映（満州映画協会）の甘粕《あまかす》正彦《まさひこ》や李香蘭《りこうらん》（山口淑子《よしこ》）にも常に不安があるし、満州事変を主導した石原莞爾《いしはらかんじ》の中にも世界最終戦争への不安がある。あるいは、コミンテルンの国際共産党日本支部という形で共産党が出来るけれども、組織に所属することによっても不安は解消されない。この不安が、のちの転向につながってくると思うのです。

獄中から転向声明を出した佐野学《さのまなぶ》や鍋山貞親《なべやまさだちか》は、拷問によって思想を捨てたわけじゃない。彼らは共産主義からは離脱せず、天皇制下の革命を唱えた。コミンテルン型の輸入された組織の中では不安を解消できず、皇道思想と結びつけて、共産主義の土着化を考えたわけです。そのように、不安をどのような形で具体化、受肉化していくかというテーマは興味深い。

富岡　「不安の受肉」という観点は非常に面白いですね。そう考えると、コミンテルン──

日本共産党―革命思想と、二・二六事件へ向かう皇道派（天皇中心の皇道精神を唱えて国家改造を目指す旧陸軍内の急進派）とが対になったあり方が見えてきます。

佐藤　その一方で、不安を不安のまま抱え切った知識人たちも少なからずいたと思うのです。例えば、当時の代表的なダダイストだった辻潤《つじじゅん》のようなあり方に、もう一度光を当ててみる必要がある。妻の伊藤野枝が大杉栄のもとに走ったとき、辻潤は彼女が離れていくことをわかっていながら何もできなかった。関東大震災後、大杉とともに野枝が憲兵隊に殺されると、彼は尺八を吹きながら物乞いのような放浪生活をして、最後は戦争中に人知れずアパートで餓死している。しかし不安を維持して抱え切った辻潤の中には、知識人としての強靭な内面的力があった気がします。

富岡　そういう意味では、非転向ですね。ほとんどの知識人が転向していくのは、日本の「近代」が時代の歪みから噴出する不安を維持し続けられなかったからだと思うんです。

当時、ダダイズムやシュールレアリスム、文学史で言えば新感覚派のようなモダニズム文学が出てきて、横光利一《よこみつりいち》とか川端康成が活躍します。しかし川端は昭和九年に『雪国』を書き始めて、新感覚派から転向していく。プロレタリア文学では中野重治《なかのしげはる》が政治的に転向して、『村の家』を書く。

だから、転向というのは単に政治的な転向だけではないのです。不安を不安として持ち続けられないために、昭和の初期にさまざまな転向劇が出てくる。大正期にはコミュニズムやモダニズムなどによって、ある意味で日本からの離脱をめざした人々が、転向という形でもう一度、日本に回帰していく。そういう流れとも重なる気がしますね。

佐藤　確かにそう思います。

ところで、プロレタリア文学といえば小林多喜二《こばやしたきじ》に焦点が集まるけれども、小林のような共産党系の「戦旗」派だけではなくて、「文芸戦線」派、つまり非共産党系のプロレタリア文学にも目を向ける必要があります。

富岡　蟹工船で酷使される労働者群像を描いた小林多喜二の『蟹工船』は、全日本無産者芸術連盟（ナップ）の機関誌「戦旗」の昭和四年（一九二九年）五〜六月号に発表され、掲載誌は発禁になりますが、単行本がベストセラーになった。最近でも、二〇〇八年に格差社会がクローズアップされて年越し派遣村が話題になった頃、もう一度『蟹工船』が注目されましたね。一方、「文芸戦線」は労農芸術家連盟の機関誌で、「戦旗」派と対立しました。

佐藤　『蟹工船』のプロットは、葉山嘉樹《はやまよしき》の『海に生くる人々』（一九二六年）とよく似ています。「文芸戦線」派の代表作家だった葉山嘉樹はその後転向し、新天地を求めて行った満州で敗戦を迎え、帰国途上で死んでしまうのですが。

『蟹工船』では船上の労働者のストライキに対して最後に海軍が入ってくるけれど、民間船に軍が入ることはありえない。それに対して葉山嘉樹の『海に生くる人々』では水上署ですから、こちらのほうがリアリズムなんです。「戦旗」派はコミンテルンの意向に沿っているから、ボートで漂流してソ連に行ったらすばらしい国だったとか、実は全然リアリズムじゃない。

富岡　蔵原惟人《くらはらこれひと》が昭和三年に『プロレタリア・レアリズムへの道』で書いたような、「現実に対する客観的態度」としてのリアリズムは、『蟹工船』にはなかったんですね。

信仰としてのマルキシズム

富岡　戦前の重要な作家として、島木健作《しまきけんさく》を見ていきたいと思います。

佐藤　島木は東北帝大の宇野弘蔵《うのこうぞう》のゼミで経済を勉強して、宇野の『資本論五十年』の中にも島木健作のことが書かれていますね。

富岡　島木健作の作品としては『生活の探求』が有名ですが、彼は明治三十六年、札幌の生まれで、二歳のときに大連でお父さんが亡くなって一家離散状態になり、苦学して十九歳ぐらいから社会主義にかかわっていく。昭和四年に転向したのですが、昭和九年に「癩《らい》」という小説を発表していて、これは非常に面白い。

政治犯として刑務所で服役している太田という主人公には、島木自身がかなり投影されています。太田が肺病のために隔離病棟へ移されると、そこにはハンセン病を患った囚人がいて、左翼運動の同志だった岡田良造だとわかる。金融恐慌のときに貧窮した農民の争議を助けていた岡田は、ハンセン病に罹りながらも転向表明を拒否して、自分の信ずる思想によって毅然として自信をみなぎらせています。つまり岡田にはマルクス主義という思想が、肉体の次元にまで浸透していた。「岡田にあつては彼の奉じた思想が、彼の温かい血潮のなかに溶けこみ、彼のいのちと一つになり、脈々として生きてゐる」と書かれています。

意外にも三島由紀夫が、島木健作のこの小説を面白いと評価しています。

「マルキシズムは個人的な宿命としての癩をすら精神的に救済しうる思想であるかどう

か疑わしい。現に癩は、その後プロミンの発見によって不治の病ではなくなった。それは純然たる科学的医学的研究の精華である。が、マルキシズムが、入獄のみならず、肺患や癩の極限状況の下にあっても、一つの救済原理として働くというところに、島木及び、当時の日本のもっとも強烈なマルキシストの誠実の形があったことも疑いを容れない。そこでは、肉体と思想との相剋のドラマが極限まで追いつめられて、そこで人間精神の一貫不惑が試された結果、実に日本的な形態において、マルキシズムは何かより高次の異質の信仰に変貌したのである」（三島由紀夫「武田麟太郎／島木健作」『作家論』所収）

つまり当時のマルキシズムは、一つの信仰形態のようになっていた。島木の「癩」は、昭和期のマルキシズムの最も特徴的な面があらわれた作品ではないかと思います。

佐藤　共産主義に対する信仰ということですね。後発国におけるマルクス主義の受けとめ方として、その辺はロシアとも通じ合う面があります。ニコライ・ベルジャーエフが戦後、ロシア語で著した『ロシア共産主義の歴史と意味』（『ベルジャーエフ著作集』第七巻所収）では、ロシアの共産主義を理解するためには、マルクス主義の知識は助けにならない。ロシア共産主義はそれとは全く異質な、ロシア正教の異端派の伝統から来ている。これは無神論を信じる、マルクス主義を信じるという信仰体系なのだと書いています。

そうしたロシア共産主義が日本にすんなり受け入れられたのは、トルストイやドストエフスキーやチェーホフをリアルタイムで受け止めたこの国に、ロシア的なメンタリティーに近いものがあるためではないでしょうか。

富岡 芥川の自殺後、「芥川龍之介と志賀直哉」という文芸評論を書いた井上良雄は、その後カール・バルトを翻訳した神学者ですが、「プロレタリア・メシアニズム」という言葉を、非常にリアリティのあるものとして感じていた。資本主義体制を労働者が打倒して、地上に「神の王国」としての共産主義社会を建設しようという願望にリアリティがあったわけです。また中村光夫も、マルキシズムの信仰的な面に触れています。その世代の文学者や文学周辺の青年たちは、共産主義運動に直接かかわらなくても、今おっしゃったような、信仰としてのマルキシズムの強い磁場の中にあったと言えます。

佐藤 当時、治安維持法下においてマルキシズムの世界観を受け入れることは、場合によっては死刑になるという、生命の危険につながっていた。そこがロマン主義と結びつきやすかったのでしょうね。もし思想それ自体が罪に当たるのではなくて、思想によって殺人事件や放火事件を起こせば一般刑法によって処罰するという西側の民主主義国並みの状況だったら、そこまでの魅力はなかったのではないか。昭和前期のマルキシズムには、いわば禁断の魅力があった気がします。

富岡　そういう意味では、大正十四年の治安維持法は一つの大きな転換点でした。

佐藤　私も非常にお世話になった方で、京都人民戦線事件のときに治安維持法違反で捕まった和田洋一先生の『灰色のユーモア』を読むと、当時の特高警察は本格的に革命運動をやっている人たちに一定の畏敬の念を持っていたことがわかります。当時は意外といいかげんで、勾留中なのに警官と一緒におでん屋に行ったりするんですね。元特高の巡査部長と酒を飲んで話をすると、

「(警察の取調べに対して)和田先生はもっとたたかわなけりゃいかんのに、ちっともたたかわなかった。だめじゃないですか、刑務所へ入れられたりなんかしたんでは、お父さんや奥さんに申訳がないじゃないですか、先祖にたいしても申訳がないじゃないですか。」

「まあ留置場へもどって、ひとりになって、睾丸《きんたま》のシワをぐうっとのばして、ゆっくり

考えるんですなあ」（和田洋一『灰色のユーモア――私の昭和史』）などと、元特高から「たたかわなかった」ことを説教されるという、奇妙な状況が書かれています。

富岡　それに対して、五・一五事件や二・二六事件のような軍のテロは、ちょっと異質な感じですね。

佐藤　イデオロギー的に整理すると、二・二六事件が陸軍上層部によって徹底的に弾圧され、皇道派の将校が粛清されることで、以後は統制派の軍事官僚による強権体制が構築されていく。今はほとんど忘れ去られているけれども、二・二六事件の翌年に戦死した杉本五郎という陸軍の大隊長が、息子たちに書き送った遺言書『大義』が平凡社から刊行され、ベストセラーになっています。杉本は「尊王精神ある処常に我在り」と、天皇のために身を捧げることこそ日本人の唯一の生き方だと説き、二・二六事件を「皇軍の恥」と激しく非難した。この杉本を国家が称揚して全国に大義会が出来るのですが、そこには皇道派的なものを根絶やしにしたいという国家の欲望を感じます。

「近代の超克」論の矛盾

富岡　支那事変が起きた昭和十二年（一九三七年）に、当時の文部省が編纂した『国体の本義』が刊行されます。これは国体論として重要であると同時に、佐藤さんが『日本国家の神髄――禁書「国体の本義」を読み解く』で書かれたように、明治以降の西洋思想の移入を批判的に再検討するものでした。いわばその延長線上にあったのが、戦争中の雑誌「文學界」昭和十七年十月号に掲載された「文化総合会議シンポジウム――近代の超克」座談会です。

出席者の名前を列挙しておきますと、小林秀雄、西谷啓治《にしたにけいじ》、亀井勝一郎、諸井三郎、林房雄、鈴木成高《しげたか》、三好達治、菊池正士、津村秀夫、下村寅太郎《とらたろう》、中村光夫、吉満義彦、そして司会の河上徹太郎《てつたろう》の十三名で、実は保田與重郎《やすだよじゅうろう》は会議直前に不参加を通知しています。小林や河上ら「文學界」同人と京都学派の学者、日本浪曼派の文学者を中心に、音楽、映画、神学、歴史、科学を専門とするメンバーが一堂に会した大座談会であり、併せて「文學界」九月号と十月号に、参加者たちがそれぞれ論考を寄せています。

ここで「近代の超克」というのは「西洋近代の超克」ということで、要約すれば、西洋知性によって自己確立を遂げてきた日本の知識人による、西洋知性の克服、歴史主義の克服、文明開化の論理の否定、近代ルネサンス精神の批判超克、進化論の否定、等々が主要なテーマでした。戦後、この「近代の超克」座談会は戦争イデオローグだと批判されましたが、その後、近代日本への本質的な問いかけとして、竹内好《よしみ》らが再評価しています。

佐藤 「近代の超克」とは、京都学派の西洋史学者、鈴木成高の言葉を借りるならば、「政治においてはデモクラシーの超克であり、経済においては資本主義の超克であり、思想においては自由主義の超克を意味する」(「『近代の超克』覚書」「文學界」昭和十七年十月号)。

彼は六つの論点に整理しています。一番目は、「近代の超克」を問題の本来的な意味において、すなわち欧州的意味において明らかにすること。二番目は、問題を日本的角度において定位し、日本的課題としてこの問題の意味を明らかにすること。三番目は、ここが面白いのですが、超克すべき近代が十九世紀であるか、あるいはルネサンスにあるかを検討すること。四番目は、ルネサンスの起源は当然「人間性(フマニテ)」の根本問題に触れ、宗教の問題に触れるから、キリスト教とも関連しなければならない。五番目は、機械文明と人間性の問題、すなわち文明の危機を解決するに当たっての科学の役割と限界の問題。六番目は、歴史学に最も関係の深い問題として、「進歩の理念」をどう超克するか。
この六つの論点はその後、八〇年代のポストモダンの文脈の中で、あるいは、その前の全共闘運動の文脈の中で、再び近代の超克が論じられる際の問題点を完全にカバーしていますね。

富岡　この「近代の超克」論は、昭和初期の芥川の「ぼんやりした不安」をもう一度理論的、哲学的に捉え直して腑分けしようという、重要なエポックだったと思います。
西谷ら京都学派は、明らかに西田哲学の影響の中から、「主体的無の思想」とか「東洋的無」による近代精神の超克を唱える。また神学者の吉満はカトリシズムの立場から、日本人の接触したヨーロッパとは神を見失った近代ヨーロッパ文化だった、その中でいかに再び神を見出すか、といった問題を議論していくわけですね。

佐藤　吉満の論考に対して、富岡さんは著書『内村鑑三』の中で、こう指摘されています。

「だが、吉満のいうこのような『カトリシズムの宗教性』こそ、近代主義から生じたものではないか。『人間性の別途なる肯定を意味する神中心的ヒューマニズム』とは一体何であるか。これは、まさに神と人間、永遠と時間の混同ではないか。神（キリスト）と人間（アダム）との『無限の質的差異』を、近代ヒューマニズムによって、人間を中心とする思考法によって隠蔽してしまうことではないか。」（富岡幸一郎『内村鑑三』）

つまり、カトリック的な形での反ヒューマニズム、反モダンな問題設定自体が実はモダン、近代主義なのだと。それに対して、小林秀雄は近代の超克論の矛盾を看破していた。富岡さんは小林の古典論が歴史を超えようとする試みだったことを認めながら、こう問いかけています。

「彼の語ったほんとうの意味での近代の超克、すなわち『西洋近代性の克服』はどうなったのか？　小林は、『与へられて居る』ところの『近代』そして『近代人』という材料のなかに、それに『打ち勝つ鍵を見付け』たのか？」（同前）

ここを読んで、私は大川周明《おおかわしゅうめい》を思い出したんです。大川周明は『日本二千六百年史』の中で、自国の善をもって自国の悪を討たなければいけない、外来のものではなく自国に内在するものによって近代を超克していくのだと言う。この問題意識と非常に近い。自分たちに内在する問題を、外来の思想によって克服することはできない。だから、ここでは小林秀雄が事の本質に一番触れていたのではないかと思うのです。

富岡　小林秀雄のドストエフスキー論や戦争中に書いた『無常といふ事』を読むと、やはり小林は、近代の超克という議論の前提になっている問題をしっかり捉えていますね。

佐藤　富岡さんが引用して、傍点をつけている小林の言葉が重要です。「近代が悪いから何か他に持つて来ようといふやうなものではないので、近代人が近代に勝つのは近代によつてである」。実はここに本当の弁証法がある。

富岡　しかし、「近代の超克」論は結局、外来の近代主義に打ち勝つ内在的な論理を見出すことができず、最終的に共同体イデオローグと同一化してしまった。

佐藤　そう思います。

私は語学留学と在ソ連・在ロシア日本国大使館勤務のために一九八六年の六月に日本を離れ、帰国したのが一九九五年の三月なんです。その間に日本で何が起きたかというと、一つはバブル経済、もう一つはポストモダン思想の流行で、帰ってきたらマルクス主義のかけらもないし、実存主義もどこかに消えてしまった。ただ、その外来のポストモダニズムから、結局日本はエネルギーを吸収することができなかったわけですね。日本におけるポストモダニズムはある意味で、戦前のマルクス主義の流行と似ていた気がします。

富岡　戦後の西洋思想は実存主義から構造主義、ポスト構造主義へと展開し、フーコー、デリダ、ドゥルーズといったフランスの哲学者たちが出てきますが、彼らの場合にはニーチェ以来、神を見失ったヨーロッパの哲学思想が前提になって、そこからさまざまな問題意識が発生している。しかし日本の場合、最初の出発点である神がないわけですから、いわば外側からポスト構造主義の意匠だけを持ってきた。小林秀雄が昭和四年に『様々なる意匠』で書いたのと基本的には同じ、意匠としての問題意識だったのではないでしょうか。

佐藤　さらにそれを現実と結びつけてみると、戦前における様々な意匠は、政治的な帰結としては、当時の日本の帝国主義的な侵略の追認もしくは黙認につながった。では、八〇年代のポストモダニズムはどうだったのかというと、小さな差異から価値を生み出していく新自由主義的な経済において、カネという単一的な基準によって全ての価値がはかられる。その意味で資本はグローバルですから、ポストモダニズムはグローバル資本主義を促進もしくは黙認するという機能を、たぶん果たしたんですね。

富岡　それは重要な指摘ですね。戦中の「近代の超克」論と同じ帰結で、ポストモダニズムは新自由主義とグローバリズムに対するアンチテーゼとならなかった。

佐藤　非常に似ていますね。問題は、意匠のレベルで外から来たものはインカーネート（受肉）しないということです。

『夜明け前』を思想小説として読む

富岡　では、日本人に受肉した昭和の思想とは何だったのか。それを考えるうえで注目したいのは、島崎藤村《しまざきとうそん》です。藤村の『夜明け前』は昭和十年に完成した小説です。『夜明け前』の舞台は幕末から明治十九年まで、主人公である木曾の庄屋・青山家十七代目、青山半蔵のモデルは藤村の父親で、平田篤胤《ひらたあつたね》の没後の門人でした。青山半蔵は御一新（明治維新）に期待して、木曾の山の中から新しい時代の曙光を見ようとする。そこに平田国学の「霊能真柱《たまのみはしら》」の一神教的な変革と、新しい時代を待望するわけです。ところが実際に維新が起こった後、明治政府の近代化イコール徹底した西洋化政策に、彼は激しい失望と怒りを覚える。そして明治天皇の馬車に直訴しようとして捕まり、最後は座敷牢に閉じ込められて狂死してしまう。

これは単に自分の父を題材にした歴史小説ではなくて、日本の近代化の中で、自分たちにとって内在的なものは一体何かと問い、みずからの魂に受肉した歴史、あるいは感覚を取り戻そうとした思想小説として読み返す価値があると思います。

『夜明け前』は、有名な「木曾路はすべて山の中である」という一文から始まりますが、これは地理を徹底して描こうとするトポログラフィー的志向の表れであり、木曾というトポス（土地）の上に時間や歴史を載せて近代日本七十年を捉え直そうという、強い時代批判を帯びた思想的な挑戦でした。藤村は、外来の意匠ではない何かを日本の中に再発見するために、土地が持っている内在性みたいなものを追求したのではないか。

佐藤　「近代の超克」に対して、そうしたトポログラフィー的なアプローチもあったわけですね。

トポログラフィーという意味では、近代の超克を唱えた知的なメインストリームからは完全に無視されていますが、昭和初期の農本主義者、権藤成卿《ごんどうせいきょう》が連想されます。彼はそれぞれの土地に独自の穀物神を祀り、そのネットワークとして国家を再編していくという、農村を基盤とした社稷《しゃしょく》国家の実現と農民自治を唱えました。この「社稷大同《だいどう》」の思想は五・一五事件や二・二六事件の思想的な背景にあったし、石川三四郎のようなアナーキストが天皇制を受容していくときにも強い影響があった。また戦後、七〇年代初頭の東アジア反日武装戦線にも影響を与えています。

だから、トポログラフィー的なものは日本の顕教的な歴史からは隠れているけれども、密教的なところにおいて、無視できない影響力を持っている。

富岡　それはあまり言われてこなかったことですね。

佐藤　実際に私が日本各地に行くと、地方の国公立大学には地元の人材が集まっています。例えば静岡でも島根や鳥取でも、早慶に入るレベルの学生が地元の国公立大学に行く。これは経済的な理由だけじゃないんですね。地元の国公立大学から県庁や地銀に就職するという形で、地場のエリートの再生産が行われている。これは一種のトポスの力です。

ところが、それは言語化されないから見えづらい。なかんずく出版社の九十%以上が東京に集中しているでしょう。そうすると地方のことは情報空間からこぼれてしまうのですが、実際には『夜明け前』の青山半蔵のような人たちは、地場のエリートという形でこの国に数多く存在している。ふだんは可視化されませんが、自民党を草の根で支えているのはそういう人たちです。

富岡　「桜を見る会」に集まるような人たちですかね（笑）。

青山半蔵には、草莽崛起《そうもうくっき》というか、トポスの力に基づく御一新という意識が非常に強かった。ところが西洋型の近代国民国家の設計図の中で、そういうものが全部潰されていく。だからこそ半蔵は憤怒を募らせていくわけです。元々は平田篤胤などの江戸期の思想を、地方の庄屋が持っていたところに日本の面白さがある。しかし平成三十年間の新自由主義による社会再編の中で、それがさらに見えにくくなっている、あるいはローカルへ追いやられているのではないか。

佐藤　確かにそう思います。藤村をその視点で見直す必要がありますね。

父性原理と近代のぶつかり合い

富岡　島崎藤村は『破戒』や『新生』などの自然主義文学の作家として、あるいは『千曲川のスケッチ』などの叙情詩人として知られていますが、その後パリへ行き、父そして日本を発見することで変化したのだと思います。そういう意味で『夜明け前』は、藤村の自然主義文学からの転向文学と捉えることができる。

佐藤　藤村という作家は時代と共に蛇のように脱皮して、どんどん別のものになっていったわけですね。

富岡　彼は姪との問題から逃避するような形で渡欧するのですが、パリで、自分がそれまで避けていた父親とか故郷の問題と出会った。永井荷風《かふう》などもそうですが、外に出ることによって自分のハイマート（故郷）を発見するというパターンは多い。藤村の場合、個人的な問題に近代の超克という問題意識がかぶさっており、それを正面から描こうとして父親像を発見したのだと考えられます。

佐藤　息子が父と出会うというのは、意外と難しいんですね。自分自身を顧みても、父と本当に出会ったのは母が死んでからでした。既に死んで言葉を交すことができなくなった父は何を考えていたのか、後から父の人生をトレースするような形で。

富岡　文芸批評でこの「父」の問題を昭和史の隠された最大のテーマとして切り込んだのが、江藤淳さんの長編評論『昭和の文人』です。昭和の末期から雑誌「新潮」に連載され、昭和天皇崩御の後に最後の章を書いて完結し、平成元年七月に刊行されました。本書では「転向」をキーワードに平野謙《ひらのけん》と堀辰雄《ほりたつお》と中野重治が論じられているのですが、共通するのは、父と子の問題です。

例えば堀辰雄は、ヨーロッパ近代文学の形式を用いた架空の小説空間の中で、自らを「任意の父」の「任意の子」として描くことで、現実の「父」の問題を徹底的に避けた。平野謙もまた、父親と自分の出自を隠し続けた。それを江藤さんは批判しているのですが、彼らにとって「父」とは旧《ふる》い日本であり、故郷であり、近代西洋化の中で、特に昭和の日本人が遁《のが》れたいものだった。

佐藤　それは日本文学だけの特性ではなく、ロシアでも同じです。ツルゲーネフの『父と子』が父の世代の論理と向き合っているのは特殊で、ドストエフスキーの『カラマーゾフの兄弟』や『未成年』にしても、あるいはチェーホフやトルストイにしても、父とは疎遠なものであり、対話が成立し得ない存在だった。フロイトが父にこだわったことを考えると、興味深いテーマですね。

富岡　ドストエフスキーの一貫したテーマである「父親殺し」は、亀山郁夫《かめやまいくお》さんの言うように、皇帝暗殺という形になっていく。日本の場合、儒教的な「天」のような旧い父性原理と近代のぶつかり合いの構造が、戦前の文学の特徴とも言えると思います。

佐藤　ロシア語では国家について二つの言い方があって、「父国」と「母国」を使い分けるんです。「ザ・アチェーチェストヴォ（父国のために）」と言えば勇ましく攻めていくイメージ、「ザ・ロージヌ（母国のために）」と言えば国土を守る、防衛的なイメージです。同じロシア国家が、あるときは母性的な国家であり、あるときは父性的な国家になる。

富岡　皇帝時代は、そういう意味では父性的な国家ですか。

佐藤　そうです。でも民衆の中に根付いていたのは母性的な国家でした。母性的なイメージはロシア文学の重要な要素で、『カラマーゾフの兄弟』のスメルジャコフの母親は、佯《よう》狂《きょう》者《しゃ》を想定しています。

富岡　ドストエフスキー作品における佯狂者、宗教的狂者は、父性的な力へのアンチテーゼみたいな存在ですね。

　小林秀雄は昭和に入ってドストエフスキー論を書いていきますが、最初に書かれたのは『ドストエフスキイの生活』でした。

佐藤　小林の切り口がすぐれているのは、思想ではなく、生活という切り口で見ていくことですね。

　ロシアの場合、文学と思想は分離していないのです。思想は文学と隣接したところで生まれて、一方から読むと文学だけれど、もう一方から読めば思想でもある。文学即思想、思想即文学というのがロシアの特徴です。ロシア文学がある時期まで日本で特権的な地位を持ったのは、恐らくそのあり方のためでしょう。

富岡　そういう意味で小林秀雄は、まさに文学の中から思想というものを捉えようとしたのではないか。明治、大正にはなかった問題意識が昭和になるとはっきりと出てきて、小林はそれを意識的に書いていった。

のちに戦後派の文学者たちがドストエフスキーに言及しましたが、実は戦前のほうが、まさに「近代の超克」という問題意識とクロスした、つまり思想的に受肉した形でのドストエフスキー受容があった。時代的な不安と危機の中から、非常に凝縮した形で受け止められたのではないかと思います。

当時は、ロシアの哲学者シェストフがドストエフスキーとニーチェを論じた『悲劇の哲学』を河上徹太郎が翻訳して知識人の間に流行し、「シェストフ的不安」なんていう言葉も生まれた。三木清《みききよし》は昭和八年に「不安の思想とその超克」という論文を書いています。三木清は大正十一年から欧州に留学してハイデガーに師事していたから、まさに世界史的レベルの不安の正体に迫る論文を書いて、「ドストエフスキーは不安の伝道者としてヨーロッパに現れた。全てこれらのことは一九一八年以後の社会の情勢に一致し、それを反映していた」と記しています。

佐藤　第一次大戦後、ロシアから亡命した知識人がプラハとパリに拠点を据えて、さまざまな知的活動を行った。そこでドストエフスキーを通じて、ロシア的な不安がヨーロッパに入ってくる。ドイツの哲学者シュペングラーは『西洋の没落』で、当時の不安について描いています。

富岡　『西洋の没落』で近代ヨーロッパ文明の没落を予言したシュペングラーや、シェストフ、ベルジャーエフらが深く入ってきた戦前の日本の思想と文学は、世界的にかなり高いレベルに達していたと思います。

「転向」を引き受けた中野重治

佐藤　最後に、中野重治を掘り下げておきたいと思います。富岡さんが江藤淳さんにインタビューした『離脱と回帰と』の中で、昭和の木を彫っていくと、中野重治が仁王の役割を果たすんじゃないかと書かれていますね。

富岡　中野重治は非常に重要な文学者です。コミンテルンの世界革命思想が日本に入ってくる中で、中野は、外来のものではなく日本人の中にあるもの、土着のものから日本を変えていこうとした。まさに『夜明け前』の青山半蔵の生まれ変わりみたいなマルクス主義者でした。言葉を換えれば、愛国的マルクス主義者という点で一貫している。

中野は昭和六年（一九三一年）に日本共産党に入党し、検挙されて約二年を獄中で過ごした後、一九三四年に転向して出所しますが、戦後ふたたび共産党に入って党の中央委員と参議院議員を務めた後、一九六四年に党と対立して、除名されます。

佐藤　戦後、中野が入ったときの共産党は、基本的に日本の独立を強調していたから、愛国とシンクロするところが多かったわけですね。

富岡　その時点では非常に合っていた。中野重治は、常に土着と愛国の中から、日本の変革と国体の問題を考えた、特異で貴重な文学者だと思います。

佐藤　私にとって中野重治が独特の意味を持っているのは、獄中経験と結びついているんです。二〇〇二年五月から二〇〇三年十月まで東京拘置所に勾留されていた間に、岩波書店の「世界」（二〇〇三年七月号）に北方領土関係の論考を寄せたことがあるのですが、同じ号に中野重治論（武藤武美「中野重治論」）が掲載されていて、そこに中野重治の転向のきっかけが書かれていた。

当時、獄中の中野は梅毒にかかっていて、このまま獄中で治療できずにいたら毒が脳に回って発狂し、思考ができなくなる。思考できなくなる恐怖が転向の動機だったというのが、獄中にいた私には非常にシンクロしたんです。もし自分が、脳に疾患が至る可能性のある病を持っていて、獄外に出れば治療して思考の継続が可能になる、その選択を提示された場合は、全部認めて出てくるかもしれないと。

富岡　まさに肉体的な不安ですね。

佐藤　思考するという、知識人であることの大前提が崩れてしまう恐れがあったら自分も転向するだろうと、妙なリアリティーを持ったんですね。

富岡　中野重治の『村の家』の中で、転向して帰郷した主人公に父親が、今まで書いたものを生かしたかったら筆を捨てろ、と言う。それに対して、自分は「やはり書いて行きたいと思います」と答える有名なシーンがありますが、中野にとっての転向とは、思想だけでなく、まさに肉体的な次元の危機であった気がします。

佐藤　富岡さんの江藤さんへのインタビューの中で、こう言う個所がありますね。

「中野重治の『村の家』という作品は父の肉声で成り立っているわけですが、勉次は、その父の肉声、つまり、息子のことを考え思っている父の言葉のあとに、『よくわかりますが、やはり書いて行きたいと思います』という一言で、裏切る。／それは当時、中野重治が正しいと信じた思想ですね。そういうある種の人工的な正しさを信じている中で、信頼していた肉親なり友人なりを裏切っていくという経過が、確かにあった。これはまさに人工的な思想と人情の問題にもなって、いまの知識人にも言えることだと思いますが、私は中野重治というのは、実は、敗戦によって変わったのじゃないかと思っているのですが」（江藤淳『離脱と回帰と――昭和文学の時空間』）

それに対して江藤さんが「それは正しいと思う」と答える。ここなんですね。書いていくということは、いろんな意味で裏切り続けないとならない。それは、政治的な用語で言えば転向です。転向を積極的に引き受けていく、という姿勢が必要なのだと思ったのです。

富岡　まさにそうです。中野重治は戦後も書き続ける中で、常に日本の内側から問いを発していかない限り、日本の変革は絶対にない、革命もないんだと感じていた。外来の意匠に対する生理的、身体的な反発を一貫して持っていた作家でした。江藤さんも、『昭和の文人』を書いていく中で中野重治という文人を再発見した、彼のすごさがわかってきたと書いています。

佐藤　これは戦後の話になりますが、中野重治たちが共産党を除名されたのは、党内抗争の要素だけでなく、核の問題ですね。核のリアリティーをどう捉えるかというのは非常に現代的な問題で、共産党系の文学者たちが党から離れてしまったのは、やはり核の問題が大きかったと思う。毛沢東は、核戦争後に中国の人口が半分になっても、残りの半分は共産主義の楽園に住むんだと言っていたわけですから。

後に共産党が方向転換してしまうから今は見えにくくなっているけれども、中野らの除名のきっかけになった部分的核実験禁止条約（一九六三年）に対して、当時の共産党の執行部は「良い核と悪い核があって、社会主義の核は良い核だ」という立場だった。しかし中野重治には、核自体が人類にとっての破滅的な要因だという洞察ができていたんですね。

富岡　核の問題を含めて、中野重治は戦後の日本の復興や経済成長に対して、一貫して醒めたまなざしを持っていました。戦後の日本の再びの近代化と土着との相克の問題が、非常にはっきりと見えていたのでしょう。

中野には「豪傑」という有名な詩があります。

「むかし豪傑というものがいた／彼は書物をよみ／嘘をつかず／みなりを気にせず／わざをみがくために飯を食わなかった／うしろ指をさされると腹を切った／恥かしい心が生じると腹を切った……」（中野重治「豪傑」）

中野にはこのような日本人の原像というか、原日本人みたいなところから思想を紡ぎ出していこうという一貫性が強くあった。転向にしても再転向にしても、中野重治はまさに昭和の文人の一つの形であったと思いますね。

島崎藤村の『夜明け前』や中野重治の『村の家』が書かれた昭和十年は、明治維新から大体七十年に当たります。この時期に、日本の思想と文学の一つのピークがあった。中野重治や島崎藤村や小林秀雄は、戦前の最も重要な文学者であり思想家だったと言えるでしょう。しかしその後、大東亜戦争と敗戦を挟んで戦後になると、彼らの問題意識は十分に継承されなかった。そのために八〇年代にはまたポストモダンという形で、「近代の超克」論が反復されていくわけです。

佐藤　それも一九三〇年代の議論が未消化な形で反復されてしまった。

富岡　それを再び繰り返さないためにも、今こそ戦前の思想と文学の捉え直しが必要なのではないかと思います。

〈戦前〉を読み解く参考書

H・O・ヤードリ著、大阪毎日新聞社訳『ブラック・チェンバー――米国はいかにして外交秘電を盗んだか？』大阪毎日新聞社、一九三一年

長田順行『ながた暗号塾入門』朝日新聞社、一九八八年

小林多喜二『蟹工船・党生活者』新潮文庫、一九五三年

葉山嘉樹『海に生くる人々』岩波文庫、一九七一年

島木健作『島木健作全集』全十五巻、国書刊行会、二〇〇四年

三島由紀夫『作家論』中公文庫、二〇一六年

ニコライ・ベルジャーエフ著、氷上英広訳『ベルジャーエフ著作集第7巻　ロシア共産主義の歴史と意味』白水社、一九六〇年

和田洋一『灰色のユーモア――私の昭和史』人文書院、二〇一八年

杉本五郎『大義』平凡社、一九三九年

文部省編『国体の本義』一九三七年

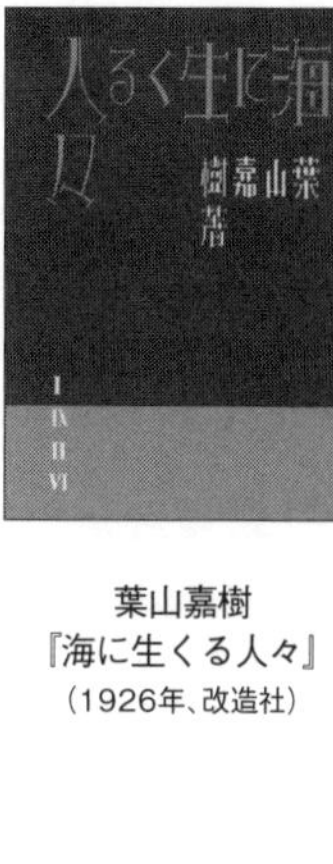

葉山嘉樹
『海に生くる人々』
（1926年、改造社）

小林多喜二
『蟹工船』
（1929年、戦旗社）

島崎藤村
『夜明け前』
（1935年、新潮社）

河上徹太郎他「文化総合会議シンポジウム――近代の超克」
「文學界」一九四二年十月号
鈴木成高「『近代の超克』覚書」（同前）
河上徹太郎他『近代の超克』冨山房百科文庫、一九七九年
富岡幸一郎『内村鑑三』中公文庫、二〇一四年
大川周明『日本二千六百年史』第一書房、一九三九年
島崎藤村『夜明け前』新潮文庫、一九五四年
江藤淳『昭和の文人』新潮文庫、二〇〇〇年
江藤淳『離脱と回帰と――昭和文学の時空間』日本文芸社、一九八九年
シェストフ著、河上徹太郎・阿部六郎訳『悲劇の哲学』新潮文庫、一九五四年
オスヴァルト・シュペングラー著、村松正俊訳『西洋の没落』全二巻、中公クラシックス、二〇一七年
中野重治『村の家・おじさんの話・歌のわかれ』講談社文芸文庫、一九九四年
中野重治「豪傑」『中野重治詩集』岩波文庫、一九七八年

文部省編
『国体の本義』
（1937年、文部省）

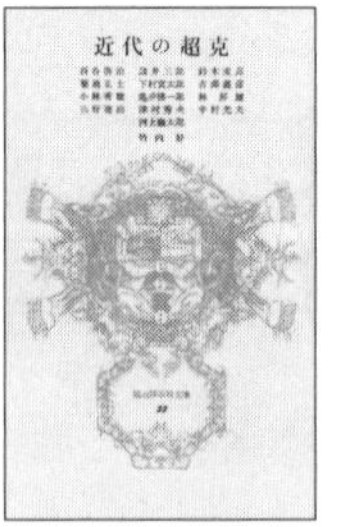

河上徹太郎他
『近代の超克』
（1979年、冨山房百科文庫）

江藤淳
『昭和の文人』
（1989年、新潮社）

第四章

戦後篇

大量消費文化の終焉

敗戦をどう受けとめるか

富岡　第四章は昭和の後篇として、「戦後」をめぐって考察したいと思います。まず、この時代を区切る最も重要なカイロスは、言うまでもなく昭和二十年（一九四五年）八月十五日の太平洋戦争、大東亜戦争の敗戦です。日本はポツダム宣言を受諾して連合国に無条件降伏したわけですが、結果的に日本の国体は護持された。しかし市街地の四十％が灰燼に帰し、邦人だけでも三百万以上の犠牲者が出た大東亜戦争は、この国の歴史にとって未曾有《みぞう》の戦争であり、敗戦でした。

佐藤　領土の喪失については、一九五一年のサンフランシスコ平和条約の受諾演説の中で、吉田茂全権が「日本はこの条約によって全領土の四十五％をその資源とともに喪失する」と言っています。四十五％の領土の喪失というのは、国家にとって危機的な状況です。

ちなみに、鈴木宗男《むねお》さんは北方領土をめぐる国会質問で「四十五％って具体的にどの領域ですか」と訊いたんです。実は国後《くなしり》、択捉《えとろふ》を含めて四十五％になる。だから四十五％という数字は、国後、択捉の放棄を意味しているんです。

ところで、日本の終戦は無条件降伏ではなかったという主張がありますね。江藤淳さんは昭和五十三年（一九七八年）に、ポツダム宣言で「無条件降伏」なる語が用いられたのは「全日本国軍隊ノ無条件降伏」という一ヵ所だけであるから、降伏したのは日本軍であって国家ではないと指摘しましたが、この議論は意味がないと思う。軍隊の無条件降伏と、国家の無条件降伏とはどう違うのか。日本は連合国に降伏の条件を具体的に付けたのか。付けてなんかいません。そんな力は日本になかった。実際に、間接占領という形で日本の国家意思は完全に占領軍に握られたわけで、国際法的には成り立たない議論です。負けは負けとして認めて、「終戦」ではなく「敗戦」として位置づけないといけない。

富岡　たしかに大東亜戦争の敗戦は、近代日本百五十年の歴史において決定的な出来事でした。しかし戦後の日本人は、果たして敗戦を正面から受けとめて来たと言えるでしょうか。

佐藤　受けとめていないと思います。例えば、敗戦に関する重要な日付が二つ抜け落ちてしまっている。一つは八月十四日。日本がポツダム宣言の受諾を、中立国のスイスを通じて連合国に通報した日ですから、これは国際的に決定的なカイロスです。もう一つは、九月二日の戦艦ミズーリ号上における降伏文書の調印です。この二つの日付が抜け落ちて、天皇が自国民にポツダム宣言受諾の事実を伝えた、国内的な意味しかない八月十五日を決定的なカイロスにしているところに、この問題のわかりにくさがある。

富岡　その通りですね。私がいつも考えるのは、日本はなぜ敗北したのかという問題です。よく言われるのは、彼我《ひが》の圧倒的な物量の差です。生産力、軍事力、経済力という物量的な差によって日本は敗北したと言われてきたけれども、一方で、例えば国文学者であり歌人だった折口信夫《おりくちしのぶ》は、昭和二十一年元旦の、いわゆる天皇の「人間宣言」に大きな衝撃を受けて、「神　やぶれたまふ」（『近代悲傷集』）という詩を書いた。これは敗戦を日本人の神学的課題として受けとめた、非常に象徴的な歌だと思います。

佐藤　まさにそうです。物量戦に負けたというのは、裏返せば、アメリカには物量戦を可能にする思想があったということですね。大量生産のフォーディズムと言ってもいい。そういう「ヤンキー魂」に大和魂《やまと》が敗れた。日本は戦後、その大量生産を可能にする思想を全面的に受け入れて、均質的な労働によって高度経済成長を遂げた。しかしそれが今、日本の製造業の停滞と隘路《あいろ》につながっているわけです。

富岡　物量戦による敗北の裏返しとして戦後日本の高度成長があり、その一方で、折口が感じたような神学的な問題を、日本人は十分に受けとめてこなかった。そのために文学において、このテーマが時をおいて出てきたんじゃないか。今回とりあげる、大江健三郎《おおえけんざぶろう》、高橋和巳《たかはしかずみ》、三島由紀夫といった戦後文学者たちは、それぞれの形で敗戦と国体の問題を引き受けてきたと言えます。

戦後史におけるもう一つのカイロスは、昭和の終わりの問題です。昭和の終焉を、昭和天皇の崩御した昭和六十四年（一九八九年）ではなく、むしろ昭和四十五年（一九七〇年）からの数年間、一九七〇年代半ばに置いてみると、昭和という時代の意味が見えてくるのではないか。

というのは、昭和初期から続いていた、「政治と文学」という思想的な構図が、この時期に完全に消えていくのです。一九七〇年には三島由紀夫が自衛隊の決起を呼びかけて割腹自決した楯《たて》の会事件があり、赤軍派（共産主義者同盟赤軍派）による「よど号ハイジャック事件」があり、一九七二年には連合赤軍による「あさま山荘事件」が起きるという形で、一九六八年頃からの学生運動や政治運動が七〇年代半ばにピークを迎え、その後急速に退潮していく。昭和を通史として考えたとき、そこに一つの消失点《バニシングポイント》があるんじゃないか。そこから、以後の日本の五十年の遠近法も見えてくる気がします。

佐藤　それはアカデミズムの変化とパラレルですね。一九六八年～六九年の全共闘運動を経て学問の権威が失われ、大学がレジャーランドと言われるようになったのは、ちょうどその時期です。

富岡　政治運動、アカデミズム、文学、それらの力が消失していく。国際的に言えば、七一年のドルショック、七三年の変動相場制移行、第一次オイルショックなどのあった七〇年代半ばあたりが昭和の終わりだった。今回はそういう軸を立てて議論したいと思います。

現実とクロスした「政治少年死す」

富岡　二〇一八年から一九年にかけて『大江健三郎全小説』（全十五巻、講談社）が刊行され、その第三巻に、これまで書籍化されなかった「政治少年死す」（「セヴンティーン」第二部）が初めて収録されました。「政治少年死す」は、右翼少年によるテロ事件を描いた小説です。

「セヴンティーン」は一九六一年の「文學界」一月号に掲載されましたが、前年の六〇年十月十二日には十七歳の少年、山口二矢《やまぐちおとや》による浅沼稲次郎《あさぬまいねじろう》社会党委員長の刺殺事件があり、山口は逮捕後、十一月二日に独房で首つり自殺しています。「文學界」一月号は六〇年十二月初旬の刊行ですが、実は「セヴンティーン」という作品は、浅沼事件の前に書かれていた。『全小説』第三巻の解説を書いている尾崎真理子さんが、そのことを大江さんに確かめています。

その後、山口二矢による刺殺事件を受けて第二部の「政治少年死す」が書かれ、一九六一年二月号の「文學界」に掲載された。つまり、「セヴンティーン」第一部と第二部の間に、偶然ではあるけれども現実の事件が起こり、フィクションと現実がクロスしたわけです。まさに文学が政治に受肉したような形で二つの小説が書かれた。特に「政治少年死す」には、日本の国体、すなわち天皇が大きなテーマとして出てきます。

佐藤　「セヴンティーン」を読むと、「勃起」「近親相姦」「辛く赤い朝鮮漬」といったキーワードが目に付きます。「勃起」と言えば石原慎太郎《いしはらしんたろう》の『太陽の季節』も思い出すけれども、青春のエネルギーとエロスですね。朝鮮漬という形で表されるのは、いわば外部性への挑戦でしょう。

「選挙で保守党をえらぶ日本人なんて糞だ」「そんな日本は滅びればいいんだ、そんな日本人はみな、くたばればいいんだ」という「左」寄りの少年が、ある契機でひっくり返って、「右」側になっていくというのが面白い。おそらく山口二矢の事件以外にも、こういう時代の雰囲気があったと思う。それを敏感に捉えて組み立てた小説だと感じました。

もう一つは選民思想ですね。主人公の少年は、「きみは天皇陛下の大御心《おおみこころ》にかなう日本男子だよ、きみこそ真の日本人の魂をもっている選ばれた少年だ」という啓示を受けるけれども、こうした啓示の対象は革命でも、神への献身であっても同じです。

一九六〇年の安保反対デモにおける樺美智子《かんばみちこ》の死は、当時、左翼の側からの命をかけた行動と受けとめられた。「セヴンティーン」ではそれに対抗する右翼少年の情念、自分も何か行動しなければならないという強い情念が描かれている。当時の現実との接点が非常に大きい小説です。

富岡　戦後の時代状況をよく捉えていますね。「セヴンティーン」の少年の父親は私立高校の教頭で、兄は東大を出てテレビ局に勤めていますが、バーンアウトしている。そして姉は自衛隊の病院の看護婦です。

佐藤　バーンアウトした人間の描き方も面白い。このあと取り上げる高橋和巳には、基本的に順風満帆に生きてきた人間が、ある事件を契機に転落していく小説が多い。こういうバーンアウトした人間が、大江健三郎や高橋和巳の作品に共通して出てきます。

富岡　そうですね。「セヴンティーン」は、「おれ」という十七歳の少年の語りで描かれますが、彼は自分の肉体を始め、さまざまなコンプレックスと死に対する恐れを強く抱きながら、何か絶対的な価値がないか、自分の行動を動かす原理は何かと探していく。

佐藤　勃起で湧き出してくる精液みたいな、内発的な形の一種の欲情、パッションの行き場を求めるわけですね。

富岡　それがまさに天皇だった。第二部の「政治少年死す」では、はっきりと「純粋天皇」という言葉が使われています。明治以降のさまざまな国体論の歴史が、「純粋天皇」という一つのワードの中に込められていて、その啓示が少年を動かしていく。

佐藤　彼は右翼団体の皇道党に入り、青年行動隊員として活躍しますが、やがて皇道党のボスである逆木原国彦《さかきばらくにひこ》から離れていく。その理由として、「おれにとって偶像は直接に天皇であったから、右翼の偶像としての逆木原国彦は必要でなかったのだ。おれは世界史でならった無教会派の信者のように、信仰の側面では神だけが他の附属物や障壁なしにあらわれることを望んだ、天皇という神が！」という。さらに、「おれは戦後派のセヴンティーンの右翼なんだから。そして、ああ、天皇はおれ独りの神であったほうがいい」というのは、「純粋天皇」をプライベートに囲い込む発想ですね。

富岡　戦後の少年として自由と民主主義の時代、価値の相対化の時代をくぐりながら、「純粋天皇の偉大な熔鉱炉のなかに跳びこむこと」を願う。そういう思想が、当時のジャズや映画と絡まりながら描かれています。

佐藤　彼が広島の平和大会で全学連と衝突して死を覚悟したとき、警官に助けられて、「スクリーンすべてが警官の優しい同情にうるおった一つの眼だけでみたされる、スクリーンの外でおれ自身の声のナラタージュ《天皇よ、あなたはぼくを見棄てませんでした、ああ天皇よ！》」という場面がある。これは十字架にかけられたイエスの言葉「神はなぜ私を見棄てたもうたか」の裏返しですね。自分を見棄てたキリスト教の神に対して、見棄てない天皇を対比している。

富岡　大江さんは少年のときに敗戦を迎えて、戦後文化人としては天皇制の問題を常々批判的に言及してきました。しかし一方で小説家として、こういう天皇への強い情念を、一九六〇年という時期に生々しくえぐり出してきたのが面白い。天皇というパッション（受難）を劇化した。

佐藤　敗戦後に集団割腹自決した右翼団体、大東塾の十四烈士のエピソードが出てくるでしょう。彼らが自刃した旧代々木練兵場が、進駐軍将校宿舎ワシントン・ハイツになっている。その土中深くに大石が埋まっているという怨霊めいた話や、当時、十四人の同志を捨てて一人逃亡した裏切り者がいたという構成も、うまく普遍的な問題に昇華されています。

富岡　そういう意味で、この小説の中には戦後史そのものが全部詰まっていると言えます。

当時、「政治少年死す」が公刊されなかった背景には「風流夢譚《ふうりゅうむたん》」事件がありました。一九六〇年十二月号の「中央公論」に掲載された深沢七郎《ふかざわしちろう》の「風流夢譚」が、皇室を冒瀆《ぼうとく》する内容だとして物議をかもし、ついには大日本愛国党にいた十七歳の少年が嶋中鵬二《しまなかほうじ》社長宅を襲って夫人が重傷を負い、家政婦が刺殺された事件です。「政治少年死す」の発表後に大江さん自身も右翼の脅迫を受け、テロの恐れがあったために書籍化できなかった。そのような作品が、まさに終身在位の明治以降の近代天皇制が天皇みずからの手によって解体された、この改元の時期に世に出たことは、偶然ではあるけれども、非常に興味深いと思います。

佐藤　おそらく天皇というものの一種の世俗化、形骸化と関連して、本作がタブー視されなくなったのかもしれません。

富岡　かつて政治と文学の間にあった緊張感が、今は見えなくなってきていますね。

佐藤　政治というのはポリスだから、公共圏の中で批評を受けなければいけない。しかし今は政治と文学が離れて、緊張感がなくなった。その結果、文学の世界が自閉した私的空間になっている気がします。江藤淳はかつて『ユダの季節』で、編集者の粕谷《かすや》一希《かずき》らは徒党を組んで私語を発していると批判したけれども、今はそういう私語が常態化している。最近の芥川賞の選評を見ていると、その危機を感じます。

富岡　江藤さんは当時、「セヴンティーン」と第二部の「政治少年死す」を朝日新聞の文芸時評で論じている。特に第一部を高く評価して、この作品は作者が展開しようとしているエロチシズムと政治の関係が面白い、「人間の根源にひそむ二つの衝動の相互交渉の秘儀である」と書いています。

第二部についても評価しながら、「大江氏は、自分の政治的理想と自分の中の『セヴンティーン』との落差におびえはじめたのかも知れない」と指摘する。これは大変鋭い批評です。政治と文学が重なる部分で、作家自身の中にある政治と文学のねじれや落差を、批評家が突いている。

佐藤　それが文芸批評家と作家の間の健全なインターラクションですね。

富岡　六〇年代後半から七〇年代前半にかけての文学作品をいま改めて読むと、そういう緊張感が伝わってきます。

スーパー・マーケット襲撃と大学紛争

富岡　大江健三郎はこのあと、一九六七年に『万延元年のフットボール』を発表します。万延元年（一八六〇年）は「桜田門外の変」があり、安政から万延へと改元された年です。

物語の展開として、主人公の根所《ねどころ》蜜三郎《みつさぶろう》と妻の菜採子《なつみこ》夫婦が車に乗って四国の森に入っていく。都会の生活から、一族と村の歴史の中へ、神話的な時間の中へと入っていくわけです。この森の谷間という場所の中で、さまざまな文学的仕掛けと、何よりも大江健三郎の文体の密度によって、百年の時間が描き出される。作中では蜜三郎の弟であるアメリカ帰りの鷹四《たかし》が、谷間の若者たちのフットボールチームを組織して、この村で百年前の万延元年にあった一揆と重なり合うような暴動を起こすのですが、暴動の対象として、「スーパー・マーケットの天皇」といわれる朝鮮人が出てきます。

佐藤　スーパー・マーケットというのは大量消費文明の象徴ですね。

富岡　そういう大量消費文明がこの村にも現れて、村の経済を支配している。「百年後のフットボール」というのは、鷹四とフットボールチームの若者たちが蜂起して、スーパー・マーケットの略奪を行うことですが、主人公の夢の場面が、このように描かれます。

「夢の局面が展開して、谷間の百姓どもの蜂起に関わる夢の流れが、戦争の末期に谷間のすべての家々から大人が一軒ひとりずつ動員されて、大竹藪に竹を伐り出しに行った日の思い出にたどりつき、そこから逆流してまた、万延元年に向う新しい夢の流れをつくった。僕は再び眠りの深みに降ってゆきながら、眼ざめて朝鮮人の強健な肉体と不可解な表情をもったスーパー・マーケットの天皇はじめ新規の厄介な気懸りに直面するかわりに、ずるずるとすでに慣れ親しんだ悪夢を見つづけることを望む弱よわしく不安な自分を容認した……」（大江健三郎『万延元年のフットボール』）

つまり、百年前の一揆と、戦争中に竹やりで戦おうとした本土決戦、そして現代の大量消費社会に対する反乱という、まさに幕末、敗戦、戦後、という三つの時間が重なり合っている。

佐藤　いずれも、あらかじめ敗北が約束されている戦いなんですね。

富岡　この小説が出版された翌年の六八年が明治百年ですから、まさに近代日本百年という歴史が、この作品に色濃く描かれていると思います。

佐藤　六七年というのは、六〇年安保で一回潰《つい》えてしまった左派のエネルギーが、新左翼系のブント（共産主義者同盟）の再編とか、革共同（革命的共産主義者同盟）が力をつけてくる中で、再び蓄積されていく。日本共産党のほうも党勢を拡大している。社会党も左派の社青同（日本社会主義青年同盟）に新左翼的な流れが出てくる中で、六八年から六九年の大学紛争があった。そういう時代状況を、大江さんは肌で感じていたと思う。この小説には明らかに反乱の予感があります。

「セヴンティーン」もそうですが、反乱の直前に「時のしるし」をつかむ力があるんですね。それを文学者として表現する。ここで描かれるスーパー・マーケットの襲撃は、まさにその後の大学紛争ですよ。結局、大学紛争はスーパー・マーケットの襲撃レベルのことだったんです。

富岡　長さのある均質な時間（クロノス）ではなく、時が満ちるエクスタシーを大江作品は捉える。「時のしるし」とは神学的な時の把握ですね。すぐれた文学者たちは、歴史としての過去の時間を描きながら、その先の未来を予知的に示しているところに、大きな特色があると思います。

佐藤　大学紛争を戦った全共闘の学生たち、あるいは関西の全学闘の学生たちは、バリケードの中で抱えるようにして『万延元年のフットボール』を読んで、自分たちはどのように敗北するのかと、すごくリアルに考えていたんですね。

富岡　六〇年安保については、後に西部邁《にしべすすむ》が書いています。

佐藤　『六〇年安保――センチメンタル・ジャーニー』ですね。

富岡　当時ブントの中心にいた西部さんが、六〇年安保闘争は早過ぎたと言っている。つまり、戦後の左翼運動は安保であまりにも大きなエネルギーを発散してしまったために、その後の様々な問題、例えばアメリカのベトナム戦争や中国の文化大革命、中ソ対立、あるいはキューバ危機、ケネディ暗殺といった世界規模における混迷に対峙していく力量を失ったんじゃないか。そういう意味で、安保闘争は早過ぎたと。

佐藤　西部さんの解釈は正しいと思います。日本の左翼は、反スターリニズムのエネルギーを早くに使ってしまった。

世界的に決定的に重要だったのは、六八年の「プラハの春」です。チェコスロヴァキアで起きた「プラハの春」は自由化運動ではなく、社会主義体制の枠の中で、共産党主導のもとでの民主化運動だった。よりラジカルな共産主義を目指す運動が、クレムリン官僚が派遣した軍隊によって潰されたことで、反スターリニズムの爆発が起きたのです。五六年のハンガリー動乱時にもスターリニズム批判はありましたが、あのときは西側陣営に加わってハンガリーを資本主義化するのが目的だったから、ベクトルが違う。六八年の反スターリニズム運動はパリで爆発し、イタリア共産党も異議を唱えざるを得なかった。

そのように国際的には六八年から共産党批判が始まるのですが、日本は一九六〇年の安保でそれを先取りしていたために、六八年には反スターリニズムの爆発が起きなかった。

近代百年の歴史を問う小説

富岡　一方では文化大革命に関して、三島由紀夫、川端康成、石川淳《じゅん》、安部公房《こうぼう》の四名が、「文化大革命に関する声明」を出していますね（「われわれは、学問芸術の原理を、いかなる形態、いかなる種類の政治権力とも異範疇のものと見なすことを、ここに改めて確認し、あらゆる『文学報国』的思想、またはこれと異形同質なるいはゆる『政治と文学』理論、すなはち、学問芸術を終局的には政治権力の具とするが如き思考方法に一致して反対する。」一九六七年二月二十八日）。文学者たちがそのような政治への抗議を行った。

そういう時代の中で『万延元年のフットボール』が書かれて、「群像」の六七年一月号から七月号まで連載された。ご指摘のように、六八年の手前で、その先の反乱を預言するような小説だったと言えます。

佐藤　歴史、革命、在日朝鮮人問題、天皇制、それだけのテーマを盛り込んでいながら、構成が破綻していない。これはすごい筆力です。

富岡　大江健三郎の初期の作品は非常に硬質な抒情性を持っていて、フランスのピエール・ガスカールのような翻訳体の文章が高く評価されたけれども、『万延元年のフットボール』では、大江さん独自の文体が生まれた。その文体の勝利だと思います。

「『蜜、きみは信じるか？　あの若者は大雪の森を横断して高知へ出ようとしていたんだ。かれは万延元年の一揆の若者組の連中に、自分を同一化していたわけだ！』（中略）仲間たちに追放された恥辱感と絶望に追いたてられて、真暗闇の森を深い雪に難渋しながら進む若者には、頭に髷をのせた万延元年の百姓の息子たる自分自身が思いえがかれていたのだろう。しだいにつのる恐慌にかりたてられる単純な若者が、真夜中の森の暗闇に囲まれて雪に歩き滞《なず》みながら、いや万延元年からはすでに百年の時が流れさったと確認するためにどのような手段があるか？　昨夜もし若者が行き倒れて凍死してしまっていたとしたら、かれは万延元年に追放された若者と絶対に同一の死を死んだことだったろう。森の高みに共存しているすべての『時』が瀕死の若者の頭になだれこんでそこを領有する。」（同前）

この文章の中に、日本近代百年の歴史が凝縮されている。

佐藤　百年の時間が凝縮されて、融合しているわけですね。

富岡　さらに、七二年には連合赤軍が人質をとって立てこもる「あさま山荘事件」が起きるのですが、そこでの経緯も、その後の未来図もここに予知的に取り込まれている。非常にエポックな作品だと思います。

前章で取り上げた島崎藤村の『夜明け前』は、木曾の庄屋の青山半蔵が明治維新に期待して裏切られる、ある意味で思想的な一揆を描いた小説でした。『夜明け前』の作中時間は幕末から明治十九年まででですが、昭和十年に発表されたこの大長編は、木曾の山中から明治七十年の時間をどのように捉えるか、近代日本とは何かを問うていた。その『夜明け前』と、四国の森というトポス（土地）から歴史を描く『万延元年のフットボール』は、戦前と戦後で対になっている作品ではないか。

佐藤　確かにそのとおりですね。ここでは近代日本の時空が、さっき私は「融合」と言ったけれども、融合ではない、区別されながらも統合されている。キリスト教における父・子・聖霊の三一《さんいつ》（三位一体《さんみいったい》）論のような統合の形を感じます。大江さんの中には、キリスト教的な思考がある。それも基本的にはカトリシズム、普遍的な思考ですね。

富岡　大江健三郎は一時期、ダンテの『神曲』に深く入りこんでいて、そういう意味でもキリスト教的な要素は大きい。シモーヌ・ヴェイユとか、スピノザへの関心もあります。

佐藤　スピノザに関しては、むしろポストモダン思想を先取りしていて、『万延元年のフットボール』でも、小さな差異が非常に重要になってきますね。マーケットの中の商品のちょっとした差異とか。大きな物語に回収され得ないものが重要だということを、リオタールが言語化する前に、小説作品の中であらわしている。

富岡　全体とディテールの結びつきは、すぐれた作家の大きな特徴です。

佐藤　だから大江健三郎の作品は残る。きっと二十二世紀にも読まれるでしょう。

富岡　『万延元年のフットボール』の文体の特徴は、常に生成されていく、動いていることです。これは戦後文学の文体が持つ新しい力であると同時に、大江さんの中にあるキリスト教的なものの影響を感じます。父なる神が主イエスになり、聖霊でもある三位一体のように、常に動いているものとしての言葉であり、存在の形成がある。その生成感が非常にリアルに描かれている。

佐藤　確かに「セヴンティーン」においても、主人公は生成していきますね。

富岡　エバーハルト・ユンゲルという旧東ドイツ出身の神学者が、「神の存在は、生成において在る」、「Gottes Sein ist im Werden」と強調しました。Werden はドイツ語で生成です。常にWerdenとして生成しているところに、キリスト教神学の本質がある。文学は、そういう意味で神学と照応するような、言葉の生成としてのダイナミズムを持ちうる。この作品にはそれがよく表れていると思います。

宗教原理主義を予告した『邪宗門』

富岡　一九六五年から「朝日ジャーナル」に連載され、六六年に刊行された高橋和巳の『邪宗門』は、同じく明治から戦前戦後までのタイムスパンで、一つの宗教団体の運命を描いた小説です。

モデルになった大本《おおもと》（いわゆる大本教）について少し解説しますと、明治二十五年に丹波の国、京都の福知山盆地綾部の貧しい未亡人だった出口《でぐち》なおという女性が、神がかりになったのが始まりです。出口なおは天保八年（一八三七年）、大塩平八郎《おおしおへいはちろう》の乱の年に生まれた世代で、このとき五十五歳でした。その後、明治三十一年に上田喜三郎、のちに出口王仁三郎《わにさぶろう》と呼ばれる男がなおの元にやってきて、教祖となり、大本教団を形成していく。

佐藤　神がかり的な女性にオーガナイザーとして能力のある男性がつくと、教団はうまくいくんですね。

富岡　まさにそうです。出口王仁三郎は、近代によって裏切られた大衆のルサンチマンを原理主義的革命のエネルギーとして使おうとした。さらに大本教団には、ラフカディオ・ハーンの弟子で最初のシェークスピア全集の共同翻訳者でもある英文学者の浅野和三郎《わさぶろう》とか、後に世界救世教の創設者となる岡田茂吉《もきち》とか、三島由紀夫も熟読した『霊学筌蹄《れいがくせんてい》』を書いた友清歓真《ともきよよしさね》といった知識人が集まり、「生長の家」の谷口雅春《まさはる》も影響を受けています。

佐藤　大本は祭神をアマテラスではなく、スサノオ、オオクニヌシにしていきますね。根本において天皇制と対峙する構造があった。しかもその後、弾圧を受ける大きな理由は、権力に近寄り過ぎたからでしょう。

富岡　大本教は大正五年に「皇道大本」と改称して天皇制に急接近し、天皇による革命、大正維新を唱えて爆発的に拡大していく。そのために国家から危険視されて弾圧されるわけです。

佐藤　もう一つは、大本の持つ普遍主義ですね。それが満州への強い関心につながり、エスペラント運動の中心にもなっていく。その意味では、天皇による革命が日本の版図を超えて世界革命になるという視野を持っていたと思う。

富岡　ただし高橋は作中の宗教団体について、大本教をモデルにしたわけではないと言っています。

「発想の端緒は、日本の現代精神史を踏まえつつ、すべての宗教がその登場のはじめには色濃く持っている〈世なおし〉の思想を、教団の膨脹にともなう様々の妥協を排して極限化すればどうなるかを、思考実験をしてみたいということにあった。表題を『邪宗門』と銘うったのも、むしろ世人から邪宗と目される限りにおいて、宗教は熾烈にしてかつ本質的な問いかけの迫力を持ち、かつ人間の精神にとって宗教はいかなる位置をしめ、いかなる意味をもつかの問題性をも豊富にはらむと常々考えていたからである」

（高橋和巳『邪宗門』あとがき）

作中の教団は「ひのもと救霊会」という名で、開祖が行徳まさ、教主が仁二郎。その開教から明治、大正、昭和の敗戦を挟んで最後は戦後の昭和二十一年まで、度々弾圧を受けていく教団の歴史が描かれます。

佐藤　最後に教団は国家からの独立を求めて武装蜂起し、占領軍と全面的に対決して、完全に崩壊させられる。

富岡　佐藤さんは本書について、「世界文学と呼ぶべき観念小説」（河出文庫版解説）と評価されています。

高橋和巳は、宗教の本質は国家社会主義ではなく宗教社会主義、多元主義《シンクレティズム》ではなく原理主義であると書いています。近代日本の精神史において、あるいは日本人の宗教精神風土においてほとんど顧みられなかったこの二つのものを、戦後、高度経済成長の時代に取り上げたことに改めて注目したい。

佐藤　本書のクライマックスで、革命のために教団の教主の座を簒奪《さんだつ》した千葉潔は、子どもの頃飢えて人肉を食い、戦争で人を殺している。内面に何の価値観も持たないニヒリストです。蜂起によって解放区となった村で地主のリンチが起きたとき、彼は脅える信徒に向かって、「血祭が、人々を鼓舞し、圧制のもとに家畜のようになっていた人々の闘争本能を、よみがえらせるのなら、その血祭にも意味がある。お祭だと思いなさい」と言う。これは、その後に起きた連合赤軍のリンチ事件を暗示している場面です。

富岡　そうした宗教の「熾烈にしてかつ本質的な問いかけ」を描いた世界文学であると同時に、二〇〇一年のニューヨークテロ以降の世界の状況を予告している。二十一世紀の自爆テロにつながる宗教原理主義の問題を、日本人の作家がこの時点で描いているのは画期的だと思います。

佐藤　天皇の描かれ方はどう思いますか。伊勢神宮に行幸する天皇に、千葉潔が「諫《かん》暁《ぎょう》！」と叫びながら直訴状を渡そうとして、取り押さえられる。あれは何だと天皇が侍従長に聞くと、「陛下をおまどわせするほどのものではございません」と説明されて、「あ、そう」で終わってしまう。この箇所だけリアルな天皇が出てくるのですが、非常に遠く冷たい天皇です。それが高橋和巳の天皇観なんですね。

高橋には他に、特攻隊の生き残りで電力会社に勤める男と、元国家主義者が対決する『散華《さんげ》』とか、混血児の保護施設の園長が、満州時代の記憶のために破滅する『堕落』などの作品がありますね。『堕落』で彼が最後に告白するのは、実は満州で、橋を渡るとき安全を確かめるために子どもを先に送った、それで子どもが死んでいったのだと。高橋は天皇との関係を意識しながらも、正面からは扱わない。天皇に対する思いが、どこか乾いている感じがします。

富岡　そこは大江健三郎や三島由紀夫とは違う。戦後文学者の中では異質ですね。

佐藤　夫人の高橋たか子が『高橋和巳の思い出』の中で、夫は「自閉症の狂人」だった、夫には目に見えない膜のようなものがあって、そこより先に人を入れない、ということを書いている。もしかすると彼自身が天皇だったのかもしれません。しかしスケールの大きな知識人だった高橋の『邪宗門』は、宗教原理主義のように現在の世界で起きている現実の、目に見えにくい内在的論理を理解するためにも役立つ、本当の意味での社会性がある小説です。

三島事件と新左翼運動

富岡　天皇論、国体論をめぐる戦後の代表的な小説として、三島由紀夫の『英霊の聲《こえ》』があります。三島は本作の単行本化にあたって、こう書いている。

「昭和の歴史は敗戦によって完全に前期後期に分けられたが、そこを連続して生きてきた私には、自分の連続性の根拠と、論理的一貫性の根拠を、どうしても探り出さなければならない欲求が生れてきていた。（中略）そのとき、どうしても引っかかるのは、『象徴』として天皇を規定した新憲法よりも、天皇御自身の、この『人間宣言』であり、この疑問はおのずから、二・二六事件まで、一すじの影を投げ、影を辿って『英霊の聲』を書かずにはいられない地点へ、私自身を追い込んだ。自ら『美学』と称するのも滑稽だが、私は私のエステティックを掘り下げるにつれ、その底に天皇制の岩盤がわだかまっていることを知らねばならなかった」（三島由紀夫「二・二六事件と私」『英霊の聲』所収）

三島が根源的に天皇制とぶつかっていくのはこの時期です。『英霊の聲』は『万延元年のフットボール』や『邪宗門』と重なる、昭和四十一年（一九六六年）に書かれています。同時に、昭和四十年から彼のライフワークである『豊饒《ほうじょう》の海』の連載が始まり、昭和四十五年十一月二十五日の自決に至る。昭和四十三年には「文化防衛論」という天皇論が発表されています。ですから、この五年の間に三島は、まさに彼の言う「天皇制の岩盤」とぶつかった。

敗戦のときに二十歳だった三島は、『戦艦大和ノ最期』を書いた吉田満《みつる》とほぼ同世代ですけれども、戦後において天皇の問題を最も深く掘り下げた作家でした。

佐藤　それは間違いない。しかし昭和天皇はきっと三島の思想は嫌いでしょう。その意味で三島の自決は、まさに二・二六事件に相通じるところがありますね。

富岡　「セヴンティーン」の少年のような、「純粋天皇」に対するファナティックな信奉は、昭和天皇がめざした近代天皇制、すなわち立憲君主的な近代天皇制と相反するものだったし、三島自身も天皇の人間宣言を強く批判した。『英霊の聲』は、ある意味で大変な不敬の書であり、昭和天皇に対する呪詛《じゅそ》そのものであるわけです。

佐藤　しかし三島は真っ直ぐで、北一輝のようないかがわしさがない。彼は行政官になっても成功する明晰さを持っていた人物ですからね。

富岡　三島は天皇というものの本質を、文学者として問い詰めていった。その先に自決があった。自衛隊市ヶ谷駐屯地での決起の際、三島が「七生報国」の鉢巻きを巻いて「天皇陛下万歳！」と叫んだのは、大江の「セヴンティーン」をそのまま反復したようにも見える。その意味で、大江と三島という二人の戦後文学者のクロスは非常に興味深い。

佐藤　三島の自決について、一つには東大全共闘の影響があったと思います。三島は決起の前年に東大全共闘と対話して、安田講堂の中でイデオロギーに殉ずる学生たちが出てくれば本当に革命が起きると感じた。それに対して右派の側から命をかけて行動することで、危機を乗り越えようとしたのではないか。

三島事件は、新左翼運動に対しても大きな影響を与えました。個人で言えば竹本信弘（滝田修《おさむ》）です。三島事件の翌年、京大の助手だった滝田の感化を受けた新左翼の学生が、自衛隊の武器を強奪しようとして自衛官を刺殺した赤衛軍事件（朝霞自衛官殺害事件）は、左翼は言葉ばかりで実践してないじゃないかという批判に対して、政治運動は命をかけて行うものだと、身体をもって示そうとした。もし三島事件がなければ、新左翼運動が革命のために命を捧げるとか、内部を純化するというリンチの方向には行かなかったと思う。

富岡　七二年の連合赤軍事件（あさま山荘事件）は、三島的な徹底性の具体例として、それまで全共闘運動、新左翼運動が踏み切れなかった重火器による革命路線を明確に出していますね。

佐藤　それによって戦後の個人主義、合理主義、生命至上主義といった価値観を乗り越えていこうとした。これはある意味で一九三〇年代の「近代の超克」議論の反復です。三島の身体性の中には、明らかに近代の超克というテーマがあった。

富岡　近代日本百五十年の底辺に流れるのは、やはり近代の超克というテーマです。それが桐山襲の『パルチザン伝説』で描かれた東アジア反日武装戦線までつながっていく。彼らによる天皇のお召し列車爆破未遂事件（「虹」作戦）が七四年。あのころに日本の政治と文学、天皇問題の一つの終焉があったのではないか。明治以降の近代百五十年の一つの帰結が、三島事件と連合赤軍事件だった。

佐藤　そう思います。「虹」作戦が潰されて革命勢力が一網打尽にされたところで、三島の触発を受けたマルクス主義系からアナーキスト系までの左翼による世直しに、一つのピリオドが打たれた。その次に全く別の方向から出てくるのが、オウム真理教だったわけです。

富岡　オウム真理教の地下鉄サリン事件が起きたのは九五年ですから、二十年後ですね。オウム真理教においては高橋和巳が『邪宗門』で描いた宗教原理主義的なものが、八〇年代のポストモダンの空気から、別の形で現れてきた。

七〇年代半ば、昭和の消失点

佐藤　私は東京拘置所で半年間、連合赤軍の元リーダーだった坂口弘氏の隣の房にいたので、彼の生活態度をよく見ていたんです。非常な読書家で、私がハーバーマスを差し入れてもらうと、しばらく後で隣にも同じ本が入ったりする(笑)。坂口氏の歌集『暗黒世紀』には、私のことを詠んだ歌が三つ入っています。

彼は獄中で非常に尊敬されていました。あるとき、一審で死刑判決を受けて二審で争っている、精神に変調を来した被告人がいたんですが、その男が深夜に強化プラスチックの皿で壁を叩いて、「死にたくねえよ」と大声で騒ぎ始めた。他の囚人にも動揺が走ったとき、坂口氏が「静かにしろ。みんな寝ているんだ。言いたいことがあったら裁判所で昼間言え」と一喝したら静かになった。当直の幹部職員がやってきてお礼を言うと、坂口氏が「あの人はもう限界だと思います。医療房に移したほうがいい」と言って、しばらくすると医務担当の職員がその男を連れていった。そうやって獄中の秩序を維持する役割を果たしていたんです。

坂口氏はオウム真理教事件の後、麻原彰晃《あさはらしょうこう》の初公判に際して朝日新聞に手記を寄稿して、逃亡中の実行犯に自首を促した。かつて私にも、この人のためなら死んでも惜しくないとまで思った指導者がいた。そのカリスマ性に感化されて武装闘争に加わり、罪を重ねてしまったが、自分の行為に疑問や迷いが生じたら、その実感を大切にしなければいけない。だから出てきて真実を話したほうがいい。あなたたちも殺しをやろうと思って信仰に入ったわけじゃないだろうと説いたんです。
私は彼のような人間には、死刑ではなく、生きて外に出て償ってほしい。彼に自分の体験を語らせることで、今後、極端な思想で人を殺めることを防止できると考えるからです。
坂口氏の『あさま山荘1972』という手記を読むと、やっぱり重要なのは身体性なんですね。最初に彼が指示して殺しをやらせたとき、殺した人間が帰ってくると、何とも言えない独特のにおいがあった。その後、同じにおいを何度も嗅ぐことになったと。それを嗅いだ瞬間に、「済まなかった。やめよう」と言おうとしたけれども、機を逸したと書いている。

富岡　七〇年の三島事件の後、いわば思想に殉ずるという新左翼の極限的な形が出てきた。それが、五・一五や二・二六からずっと続いてきた政治と文学の極点というか、最終地点としての身体性に凝結していったわけですね。

佐藤　文学も思想も、最終的には身体性と結びついていく。大江さんの「セヴンティーン」にしても高橋和巳にしても、勃起とか自慰とかエロスの部分が強調されるのは、結局、身体性の問題なのだと思いますね。

富岡　三島由紀夫の最後の小説『豊饒の海』全四巻は、ちょうど日露戦争の後からの時間を書いているのですが、最後は昭和五十年（一九七五年）に設定されている。つまり、三島の死んだ五年後、本多繁邦《しげくに》という輪廻転生の証人、生まれ変わりの四人を見てきた副主人公が、最初の松枝清顕《まつがえきよあき》の恋人であり、出家して尼になっている聡子《さとこ》に会いに行き、最後は夏の日盛りの日を浴びてしんとしている、一種の空無の世界に入っていく。

私の解釈では、おそらくそれは日本の近代史の行き着いた空無であり、そこから時代が現代へと変換されるのではないか。

佐藤　そういえば一九七五年は私が高校に入った年ですが、「しらける」とか「しらけ」という言葉が日常的に使われていました。

富岡　そういう言葉が、時代の共同的な感覚として現れてきた。その後、文学史で言えば、七九年に村上春樹がデビューして、八〇年代のポストモダンと言われる時代に入っていく。

佐藤　村上春樹と村上龍、その後に田中康夫が出てきて、明らかにそれまでと時代が断絶されますね。

富岡　明治以来の政治と文学、政治と思想の対立の時代が終わり、昭和史は一九七五年前後で消失した。そういう消失点から見ると、その後の平成三十年を含めた現代の遠近法が出てくるのではないかと思います。

〈戦後〉を読み解く参考書

折口信夫『折口信夫全集（26）　古代感愛集・近代悲傷集（詩）』中央公論社、一九九七年
大江健三郎「セヴンティーン」「政治少年死す」『大江健三郎全小説』第三巻、講談社、二〇一八年
大江健三郎『万延元年のフットボール』講談社文芸文庫、一九八八年
西部邁『六〇年安保――センチメンタル・ジャーニー』文藝春秋、一九八六年
高橋和巳『邪宗門』上下巻、河出文庫、二〇一四年
高橋たか子『高橋和巳の思い出』構想社、一九七七年
三島由紀夫『英霊の聲　オリジナル版』河出文庫、二〇〇五年
三島由紀夫『豊饒の海』全四巻、新潮文庫、一九七七年
三島由紀夫『文化防衛論』ちくま文庫、二〇〇六年
坂口弘『あさま山荘1972』上下巻、彩流社、一九九三年

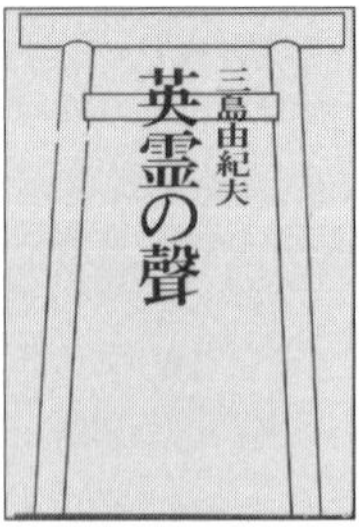

三島由紀夫
『英霊の聲』
（1966年、河出書房新社）

高橋和巳
『邪宗門』
（1966年、河出書房新社）

大江健三郎
『万延元年の
フットボール』
（1967年、講談社）

第五章

現代篇

コロナがもたらす大転換

コロナ危機が明らかにした分断

佐藤　最近、家で映画を見る機会が増えたので、偶々《たまたま》関心をもって鈴木光司《こうじ》さん原作の「リング」シリーズを全部見たんです。鈴木さんは専業主夫として子どもを育てながら、自宅で学習塾を開いて教えてきた。そこで日常的に接する生徒たちの都市伝説を聞き、明治時代末の千里眼事件を絡めて、『リング』というホラー小説を書いたわけです。

映画「リング」の公開は一九九八年ですが、原作が刊行された一九九一年以来三十年このシリーズが続いているのは、シリーズを通じた呪いの元凶である「貞子」のイメージが、われわれの不安心理と深く関係しているからじゃないかと思います。「貞子」が象徴する不安のポイントは、誰かから恨まれているという恐怖、つまり人間関係ですね。われわれの思考や行動は人間関係に由来している。今回のコロナ危機に対する対応の違いにも、各国の人間関係をベースにした価値観が現れています。

フランスの人口学者で歴史学者のエマニュエル・トッドは、新刊『大分断――教育がもたらす新たな階級化社会』の中で、民主主義には「フランス・アメリカ・イギリス型」「ドイツ・日本型」「ロシア型」の三つの類型があり、それは家族構造に由来すると指摘しています。まず、「フランス・アメリカ・イギリス型」の民主主義について、こう言います。

「フランスのパリ盆地の農民、つまりフランス革命が起きた場所での家族というのは、核家族で個人主義です。そこから生まれた価値観が自由と平等でした。パリ盆地の農民家族には、大人になった子供たちが親に対して自由であるという価値観があり、兄弟間の平等主義という価値観もありました。そのような地盤があった上で、識字率が向上し、その平等と自由の価値観は普遍的な価値観になっていったのです」（エマニュエル・トッド『大分断――教育がもたらす新たな階級化社会』）

こうした個人主義の価値観の下で、今回フランスやアメリカでは法に基づく規制が行われた。それに対して「ドイツ・日本型」の民主主義は、直系家族構造に基づいている。

「日本の十二世紀から十九世紀の間に発展した家族の形というのは、直系家族構造で、そこでは長男が父を継いでいきます。ここで生まれた基本的な価値観は、自由と平等ではなく、権威の原理と不平等です。両親の代がその下を監視するという意味での権威主義と、子供がみな平等に相続を受けるわけではないという点から生まれた不平等です」(同前)

個人主義が確立していない日本やドイツでは、家族あるいは会社の中で上位の権威に従うならば面倒を見てもらえるというパターナリズム(父権主義)で問題を解決してきた。

最後はロシア型です。

「ロシアの基礎にある価値観は、中国と同じで、権威主義と平等主義です。そこに伝統的な宗教の崩壊が起き、共産党が生まれました。現在、ロシア人たちは投票をするようになり、その中で、世論調査が認めるように、彼らは一斉にプーチンに投票をしているのです。これは新しいタイプの民主主義と言えます」（同前）

権威主義的な体制をとる中で、ロシア人はプーチン大統領、つまり国家の権威は認めるけれど、実は国家というものを信用していない。その代わり国民には平等の原理が徹底しているから、お互いに助け合うわけです。このように家族類型は国民の集合的な無意識を支配するから、家族類型からみると各国の対応の違いがよく分かります。

富岡　面白いですね。トッドは人口論や家族制度の分析から社会論、国家論に発展していく。非常にリアルなところから見ていますね。危機の到来によって各国の国民性や文化の地肌が現れる。

佐藤　日本の民主主義の問題は、平等の原理が弱いことです。だから現在のコロナ禍においても、家族が正常に機能している人、正社員として企業に所属している人は、実はそれほど困っていない。しかしその外側にいる、一人親家庭や非正規社員、失業者に対しては、日本社会はとても冷たい。しかもその冷たさを多くの日本人は自覚していない。その根底には日本における平等の原理の弱さがあると考えられるわけです。

富岡　今回、その分断が明確に出てきていると思います。そこには日本の「近代」の歴史的な蓄積の弱さが関わっている。

同調圧力としての「翼賛の思想」

富岡　今回のコロナ禍に際して、日本で特に目立つ現象は「翼賛の思想」です。近代ヨーロッパの基本には法の思想があり、コロナに対しても法の下で移動制限や営業制限を行っているわけですが、日本の場合は法的な規制ではなく、「自粛」という形で対処する。あるいは世間という空気の同調圧力です。そこに翼賛の思想が現れていると、佐藤さんは指摘されています。

佐藤　元行政官だった私からすると非常にわかりやすい話です。まず憲法第二十二条において「移転の自由」は保障されており、移転の自由の中には移動の自由も入ります。ただ「公共の福祉に反しない限り」という形で縛りがかかっているから、規制はできる。ただし規制した場合には、確実に違憲訴訟が起きる。そこにエネルギーをかけるのは勘弁してほしい。また法的な形で営業を停止すれば補償の要求が必ず出てきますが、自粛に対しては恩恵的に給付金を出せばいい。いわば恩賜の煙草のような形で。法的規制がなくても罰則を規定した法律とほぼ同じ効果があるなら、自粛のほうがコストパフォーマンスがいいわけです。

翼賛の本来の意味は「力を添えて助けること。天子の政治を補佐すること」(『デジタル大辞泉』)です。強制ではなく自然的に支援し、行動することが求められる。行政はそういう形で国民の同調圧力を利用していく。

富岡　そのとおりですね。では近代日本史において、翼賛の思想はどのように現れて来たか。これまで見てきたように、一つは明治四十三年の大逆事件です。明治天皇の暗殺を計画したとして幸徳秋水以下二十四名が死刑判決となる。政府がフレームアップした事件ですが、国民の心理として注目したいのは、「時代閉塞の現状」を書いた石川啄木と漱石、荷風など文学者たちがあの事件に対して黙ってしまったことです。いわば沈黙の翼賛の思想が現れた。

もう一つは大正期です。西洋からマルクス主義やモダニズムが入ってきて、非常に自由な時代のように見られるけれども、実はそれは内部で自足した空間であり、外部性・他者性が不在だった。

佐藤　そこが重要なポイントです。

富岡　これも「大正篇」で語りましたが、その中で大正末期に関東大震災が起こり、民間人の自警団による朝鮮人の虐殺が起きた。まさにあのとき、同調圧力としての翼賛の空気が作られました。

佐藤　自粛に従わない人や店に嫌がらせをするような「自粛警察」は、かつての自警団に通じるわけですね。

富岡　昭和における翼賛の思想は、言うまでもなく昭和十五年（一九四〇年）の大政翼賛会です。ただ大政翼賛会というと、いかにも全体主義的な組織のように見られるけれども、あれは近衛文麿《このえふみまろ》のブレーンだった革新的な官僚や学者たちからなる昭和研究会が、既成政党と異なる新体制の政治結社として組織したもので、三木清なども関わっていました。

佐藤　エリートたちが考えたのはファシズム運動ですね。ところが、天皇に対抗する中心を持てなかったために、結局、片山杜秀《もりひで》さんのいう未完のファシズムになってしまった。

富岡　そうした翼賛運動が出てきて、大衆が一つの空気の中で国体を翼賛する。そこから戦時体制へと突入していくわけです。だから近代日本史を見ると、一つの時代的な転換点においては、必ず翼賛の思想が出てくるんですね。

佐藤　そのとおりです。この国では危機になると同調圧力のメカニズムが現れる。平成の東日本大震災のときには「絆」という言葉でボランティアが鼓舞され、翼賛の思想が更新されました。令和のコロナ危機においては「自粛」がキーワードですね。ただし翼賛の本質は同じで、カギは強制ではなく内発性、自発性ということです。

富岡　そうした翼賛とパターナリズムが繰り返されてきたことが、この百五十年の歴史の結節点として浮き彫りになった。このパターナリズムは、どこへ行き着くのか。

佐藤さんは二〇〇七年に刊行された著書の中で、すでに危機における国家の暴走について指摘されています。

「日本の現状について考えてみましょう。現状をこのまま放置すると、近未来に二つの地獄絵が出現することになります。／第一は、新自由主義下の格差がもたらす地獄絵です。（中略）すでに日本では年収が二〇〇万円以下の人々が一〇〇〇万人を超えています。このような状態が続くと、低所得者はぎりぎりの生活しかできず、家庭をもち、子供を作ることすら難しくなります。また、高額所得者と低所得者の間で、『同じ日本人である』という同胞意識が薄れていきます」（佐藤優『国家論――日本社会をどう強化するか』）

社会における格差は今回のコロナでさらに広がり、もう事実上、地獄絵が出現しています。しかし格差の是正を国家に期待すると、もう一つの地獄絵をもたらす危険性がある。

「第一の資本主義の弊害を国家によって是正しようという世論が当然起こってくるのですが、この処方箋には落とし穴があります。（中略）国家は、暴力によって担保された、本質的に自分の利益しか追求しない存在です。確かに、国家が所得の再分配や社会福祉のための機能を果たすことはありますが、それは原理的にそのような方策をとらないと、国家自体の存立根拠、すなわち官僚の存在基盤が危うくなるときに限ります。さらに、日本人としての同胞意識を高める機能を国家に期待すると、それは必ず官僚の都合の良い方向に社会が誘導されるという結果を招きます」（同前）

この官僚の方向性が、まさに七年八ヵ月の安倍政権のあり方でした。

佐藤　悲劇的なのは、安倍さんの周辺にいた官僚は、私腹を肥やすようなタイプの人たちではなかった。あの人たちはあの人たちなりに、日本の国家なり国民のことを一生懸命考えた、経験なり学識なりがある人たちなんですね。でも、それは戦前の旧大本営、海軍軍令部、陸軍参謀本部と同じです。戦前の最大の官僚組織は軍ですから、旧軍で起きたことが今も繰り返されているわけです。軍事官僚の特徴は、企画立案と、実行と、評価が同一主体だということ。これは今の日本の官僚システムも同じです。自分が企画立案して、自分が行動したことを自分が評価するわけですから、成功か大成功にしかならない。だからアベノマスクも成功ですよ。大成功ではなかったけれども。

富岡　大政翼賛時代には、重要政策の企画立案をする企画院という機関があった。政党政治が崩壊していく中で、新官僚とか革新的な学者の中から出てきた発想です。しかしこれも、戦時体制下で昭和十六年三月に治安維持法が改正されて、潰されていきますね。

佐藤　企画院事件（企画院調査官、職員が左翼活動の嫌疑で治安維持法違反として検挙起訴された）が起きて、軍需省に再編されてしまいました。

富岡　同調圧力の空気の中で、新しい芽が徹底的に抑えつけられる状況が、あの時期に集中的に起きた。それは今回の危機でも注視しなければならない点です。

宗教改革以来の大転換

富岡　二〇二〇年は三島由紀夫の自決から、ちょうど五十年目です。この五十年間は、日本の「近代」というものが問われ、崩れていった年月でもある。今回のコロナショックは、この五十年の結末であり、近代の終焉を映し出すエポックとして日本近代史に大転換をもたらすものではないか。そんな見取り図を描いています。

佐藤　その見取り図に賛成です。まさに近代の集大成としての危機と考えるべきです。

富岡　前章で論じたように、昭和の終わりは昭和天皇が崩御した一九八九年（昭和六十四年）一月ではなく、むしろ一九七〇年代半ばだったと考えられます。そこで明治以来の大きな図式だった「政治と社会」「政治と文学」の緊張関係が消失し、日本近代の構図が失われた。具体的に言えば、一九七〇年の三島由紀夫の自裁、七二年の連合赤軍事件、七四年の東アジア反日武装戦線などがそれを示しています。また経済で言えば、戦後から続いた高度経済成長神話が、七〇年の大阪万博の後、七一年のドルショック、七三年のオイルショックによって潰えていく。

佐藤　七〇年代までの高度経済成長の原理は、基本的に農本主義だったんですね。農民が米をつくるのと同じように、トランジスタラジオを製造していたわけです。それがバブル経済になると、明らかに農本主義から重商主義に変わる。経済成長はモノづくりではなく、商品を右から左に流すことで、あるいは株式の操作によって得ていく。額に汗して働くという、高度成長期の論理とは根本的に違ってきた。

富岡　確かに高度成長までは、戦前戦中から連続する原理があった。日本的な家族主義や農本主義的なパターナリズムが底流にあって、それが高度成長を支えてきたと言えますね。

佐藤　平成に入っても、例えばリリー・フランキーさんの小説『東京タワー』（二〇〇五年）は、ぎりぎりの状態で解体される直前の家族を、昭和的な価値観で守っている。かつての農本主義の最後の残滓《ざんし》みたいなものを感じます。

富岡　いわば昭和の消失点を、二〇〇五年の時点から表現していたわけですね。

佐藤　そう思います。では今回のコロナ禍は、遅れてきた平成の終焉と見るべきでしょうか。

富岡　そうであると同時に、さらに大きなタイムスパンで、ウエストファリア体制以来の近代の終焉とも言えると思います。宗教戦争を経て一六四八年にウエストファリア条約が結ばれて近代国家の土台が生まれ、一七八九年にフランス革命が起こる。そうしたここ五百年くらいの大きな時代の流れに、地殻変動が起きているのではないか。

佐藤　私もそう思います。

富岡　ただしコロナそのものが近代を破壊したわけではなく、コロナという現象の中に、それが浮かび上がってきた。トッドの言うように、グローバリズムの退潮とか矛盾にしても、実はすでに起きていたことがコロナによって劇的に露呈している。

佐藤さんは『宗教改革の物語』の中で、「われわれは、依然として近代に生きている」と書かれています。

「ヘーゲルが『法の哲学』で述べた『ミネルバのフクロウは夕暮れを待って飛び立つ』というのは真実と思う。近代について、われわれが把握することができるのは、近代が夕暮れに達したときだ。近代的なシステムが限界に達していることは間違いない。われわれは夕暮れの中で生きているのだ。繰り返し、『近代の超克』や『ポスト・モダニズム』が語られる。しかし、近代は終わりそうに見えても、終わらないのである」(佐藤優『宗教改革の物語――近代、民族、国家の起源』)

同書では宗教改革者ヤン・フスについて描かれています。宗教改革といえば通常は十六世紀のルター、カルヴァンですが、実はその百年前、十五世紀のチェコに宗教改革を行ったヤン・フスという人物がいて、当時の体制の中で火あぶりにされてしまう。

佐藤 私がなぜフスに関心を持つかというと、彼には中世と近代のハイブリッド性があるからです。ダンテの『神曲』や南北朝時代の軍記物語『太平記』にもつながるのですが、フスの世界像は中世的だけれども、表現は近代的です。だから我々は彼を経由して、中世の人たちの論理を比較的理解することができるのです。

富岡 プレモダンを正しく理解することによって、近代の限界を知るという方法論ですね。現在のコロナ危機は確実に、近代の夕暮れを映し出している。しかし一方で、その近代とは何か、未だ明確に定義し切れていません。近代を超えると標榜《ひょうぼう》したポストモダンは、日本において思想的な力を持ち得なかった。

佐藤 むしろポストモダンは新自由主義と強い親和性を持っていました。「おいしい生活。」のようなキャッチコピーから、小さな差異をカネにしていく、ソフトをカネにしていくという方向に発展していったわけです。この小さな差異の発想は社会全般に行き渡っていますね。例えば企業でも、役職が昔と比べて増えていますね。中間管理職的なポストを細かく設定して、人生ゲームというフィクションの中で、少しでもコマを進めている気にさせる。偏差値による大学の輪切りも同じです。かつては何を学びたいかで大学を選んでいたのが、今は偏差値の数字で決める。それが教育の危機につながっていると思います。

近代の消失点から出発した村上春樹

富岡　文学史をみても、一九七五年（昭和五十年）前後が近代日本文学の消失点だったと言えます。村上春樹さんは一九七九年に『風の歌を聴け』で群像新人文学賞を受賞してデビューした。当時、彼の文体はアメリカ現代小説の影響だと言われたけれども、近代文学史に「翻訳」がもたらしたものは大きいと思います。実は私は村上さんと同年に、群像新人文学賞の評論部門で優秀作になり、同期なんです。

佐藤　富岡さんはまだ大学四年生でしたよね。私が大学に入った年です。

富岡　当時、千駄ヶ谷でジャズ喫茶をやっていた村上さんのところへ伺って、面白い話を聞きました。ご本人もどこかで書いていますが、最初に『風の歌を聴け』を日本語で書いたけれども、どうもしっくりこないので、英文で書いてみた。それを翻訳して、あの文体に定着したんだと言うんですね。

私はそのとき、あっ、これは二葉亭四迷《ふたばていしめい》と同じだと思ったんです。二葉亭四迷は、明治二十年に『浮雲』という小説を書き、翌年にロシア文学のツルゲーネフの『あひゞき』を翻訳しています。それを読み比べると、『浮雲』の冒頭のところは、まだ枕言葉が出てくるような古い文体で、言文一致とはほど遠い。しかし『あひゞき』の翻訳は、後に国木田独歩が『武蔵野』で用いるように、ほとんど完全に近代の口語的な文章になっている。二葉亭は翻訳を通して、新しい文体を作っていったことがわかります。

佐藤　村上春樹さんは、最近作『猫を棄てる』と『一人称単数』で、一つの時代を回収しようとしている気がします。『猫を棄てる』では断絶した父と子の関係を通して、父の戦争観を自分が引き受けていかなければいけないという問題意識がある。『一人称単数』では、招待されて行ったコンサートが開かれていなかったり、バーで見知らぬ女性に責められたりといった些細なエピソードを通して、人生のある時点において別の選択をすれば別の人生があったはずだ、われわれの人生にしても、歴史にしても、そういう偶然と必然の織りなすタピストリーなのだという形で、彼自身の歴史観を整理しようとしているように感じました。

富岡　それは面白い指摘ですね。出発点において新しい言文一致体というか、それまでの日本文学にはなかったフラットな文体を作ったことで、村上春樹はある種のグローバル性を獲得していった。その彼が四十年を経て、歴史を取り戻そうとする。もう一つは「父」の発見ですね。島崎藤村の『夜明け前』も、昭和十年に明治維新からおよそ七十年後の時点で「父」を再発見したわけですが。

佐藤　重なるものがあると思います。『猫を棄てる』では、父と一緒に猫を棄てに行って、自転車で帰ってきたら猫のほうが先に家に着いていた。そのエピソードに現れる猫は、我々の力が及ばない外部、つまり他者ですね。彼は今までの作品の中で提起した様々な問題に、七十一歳になった現時点で、一つの決着をつけようとしている。そのことを大げさに言うのではなくて、読む人が読めばわかるでしょう、という形で示している。そんな印象を強く受けました。

富岡　近代日本文学の消失点から出発し、半世紀にわたる日本の時代的空無を体現してきた代表的な小説家が、現在のコロナの時代に改めて歴史と向かい合っている。非常に興味深いと思います。藤村はフランスで「父」の発見を通して、危機に瀕する日本の「近代」を整理しようとした。

もう一人、この五十年間を象徴する作家として、二〇二〇年二月に亡くなった古井由吉《ふるいよしきち》を挙げたい。古井さんは、三島が自決した翌年の七一年に、『杳子《ようこ》』で芥川賞を受賞しました。まさに近代的な歴史観が消失したところから小説を書き始めた作家です。古井さんはエッセイで、こんなことを書いています。

「目標にできるような先行者はいませんでした。いまの社会のように、表面は平穏で、底の方が急変してゆく社会は、歴史上、なかったはずです。これまでは、社会が変わる時は大事件が節目となってきました。明治維新、関東大震災、二度の世界大戦。こうした節目で日本は大きく変わったことは、はっきりしています。ところが、戦後は、同じクラスの大事件は、起こっていません。にもかかわらず、大事件があったのと同じどころか、より大きく社会は変っています。」

「反省としていうのですけれど、『経済』というものはこわい、という感覚をもっと持つべきでした」(古井由吉『人生の色気』)

つまり、戦後の日本には維新とか戦争のように目に見える大事件はなかったけれども、社会の底がものすごいスピードで変化していった。それを小説としてどう捉えるか、という問題意識をもって書き続けた作家でした。興味深いのは、文学の分野で、経済の問題にこれだけ目配りしてきた作家は他にいないのではないか。

古井さんは七歳のときに昭和二十年の東京大空襲、特に五月二十四日の山手《やまのて》の大空襲を体験しています。彼の中ではその原体験において、戦中と戦後が連続している。つまり、焼夷弾による大量破壊とは近代の大量生産・消費システムの成果であり、戦後の日本は、その裏面で経済の高度成長を果たした。戦後の物質的な豊かさの内実にあるのは、実は大量の破壊、殺戮だったのではないか。そういうパースペクティブを文学として追求した。こういう作家が、この半世紀にわたって、ある意味では孤立して書き続けたということは、文学の持つ潜在力として大事なことだと思います。

佐藤　それは非常に重要ですね。分野は違うけれど私も作家のはしくれですが、基本的に物を書く仕事は一人でやる仕事で、真摯に考えるほど孤立する。

富岡　古井さんには、まさに震災や疫病《えきびょう》を預言するような小説があります。以前インタビューしたときに仰っていましたが、小説家は時代に対して預言者的な位置を占める存在だと。預言者とは旧約聖書のイスラエル預言者のことですが、古井さんはその典型と言えるし、佐藤さんのお仕事もその一つの形だと思います。

佐藤　私は官僚だったから、むしろ祭司的です。祭司は神に対しては人の代表であり、人に対しては神の言葉を取り次ぐ役割なので、ハイブリッド性があるんですね。

『ホモ・デウス』が預言する監視社会

富岡　コロナ後の世界への預言として、ユヴァル・ノア・ハラリの発言が注目されています。ハラリは一九七六年生まれの歴史学者で、ヘブライ大学の教授です。世界的ベストセラーになった『サピエンス全史――文明の構造と人類の幸福』に続き、邦訳が二〇一八年に出た『ホモ・デウス』は「テクノロジーとサピエンスの未来」という副題がついています。

佐藤　まだ刊行されて数年ですが、もはや古典ですよ。世界中の知識人がこの本をベースに議論していますからね。

富岡　我々が議論してきた近代の問題も、まさにこの『ホモ・デウス』に内在されていると言えます。ハラリの論を簡単に言えば、産業革命以降の人間中心主義の時代が終わって、サイエンスとテクノロジーの力を用いた一部の人間が神のような存在になる。人間（ホモ）が神（デウス）になるから、人神です。その問題を正面から、わかりやすく啓蒙的に描いている。

ＡＩとバイオテクノロジーの進化による新しい監視技術によって、今後二十年から四十年くらいの間に、歴史上、存在したことのない全体主義的な政府が誕生するだろう。二十世紀のファシズムなどより、さらにひどい形の監視社会が出現すると、彼は書いています。このことを正面切って断言したのは、ハラリ以外にいないでしょう。

佐藤　監視というと、みんな行動監視にしか注目しないけれども、ハラリはさらにそこから一歩進めて、皮膚の下の監視に注目している。新型コロナ発生を機に、政府の関心の焦点は「体外」監視から「皮下」監視に移行したと、インタビューで語っています。

「監視技術はすさまじい速さで発展しており、十年前にはＳＦ小説としか思えなかった状況でさえ今や特段、斬新なわけではない。試しに、ある政府が体温と心拍数を24時間測定する生体測定機能を搭載した腕時計型端末を全国民に常に装着するよう求めた、と考えてみてほしい。

その政府は測定データを蓄積し、アルゴリズムで分析する。アルゴリズムによって当該人物が何か病気にかかっているかを本人よりも先に識別するだけでなく、どこにいたか、誰と会っていたかまで把握することが可能になる。／そうなれば感染が連鎖的に広がるのを劇的に短期間で抑え込めるようになるだけでなく、その感染すべてを封じ込めることさえ可能になるかもしれない。／こうした仕組みがあれば、特定地域で流行する感染症の場合、発生から数日で阻止できるかもしれない。『それは素晴らしい』と思うだろう。

だが、これにはマイナス面がある。ぞっとするような新しい監視システムが正当化されるということだ。／例えば、私が米CNNテレビのリンクではなく米フォックスニュースのリンクをクリックしたと知れば、私の政治観だけでなく、性格までも把握されるかもしれない」（「日本経済新聞」電子版二〇二〇年三月三十一日）

確かに今、感染防止という名目で、こういった腕時計を国民に装着させることはあり得る話ですね。そこからわれわれの感情や性格や思想が把握され、操作されていく。

富岡　重要な仮説です。ただ、日本での『ホモ・デウス』の受けとめられ方にはちょっと誤解がある気がします。

佐藤　結論部分が誤読されているんですね。ハラリは本書の最後に、三つの重要な問いを提起しています。

「1　生き物は本当にアルゴリズムにすぎないのか？　そして、生命は本当にデータ処理にすぎないのか？

2　知能と意識のどちらのほうが価値があるのか？

3　意識を持たないものの高度な知能を備えたアルゴリズムが、私たちが自分自身を知るよりもよく私たちのことを知るようになったとき、社会や政治や日常生活はどうなるのか？」（ユヴァル・ノア・ハラリ『ホモ・デウス――テクノロジーとサピエンスの未来』）

この部分は、価値中立的な未来予測として読まれているけれども、そうではない。文末にクエスチョンを入れることでハラリは、こういう未来になってはいけないと言っているんです。それが読み取れないのは、日本だけでなく世界的に、ユダヤ教なりキリスト教的な文脈を踏まえて読むというリテラシーが弱まっているからですね。

人間中心主義の限界

富岡　「訳者あとがき」では、本書はバベルの塔の話のような寓話とは違う歴史的な考察であり、「本書が秀逸なのは、大きな歴史の流れをしっかり踏まえて（中略）俯瞰的・論理的で説得力ある説を明確に提示している点にある」と書かれていますが、実はまさにバベルの塔の話が原点にあって、そこから近代以降の世界像、産業革命以降の人間中心主義のあり方の問題性を描いている。

佐藤　だから、まさに預言者的なのです。彼が自分は無神論だと言うのは、無神論という形で神について語っているわけですね。

富岡　人間中心主義とは実は近代の「宗教」なのだということを、ハラリははっきりと言っていることが重要です。

「私たちが意味の究極の源泉であり、したがって、人間の自由意思こそが最高の権威であると、人間至上主義は何世紀もかけて私たちに納得させてきた」（同前）

ここで彼は、人間至上主義という、いわば近代の「宗教」の大きな歪みと矛盾の問題性を問うているわけです。その人間至上主義教は、サイエンスとテクノロジーによってさらに加速されるだろう。そのときに「ホモ・デウス」の名における全体主義が、人間の身体も感情も全て管理するような社会ができてしまう危険に対して、「否」を明確に言わなければならない。

佐藤　ハラリはインタビューの最後にこう言っています。

「私たちの目の前には、自国を優先し各国との協力を拒む道を歩むか、グローバルに結束するのかという2つの選択肢がある。前者を選べば危機が長びき、将来、さらに恐ろしい悲劇が待つことになるだろう。後者を選べば新型コロナに勝利するだけでなく、21

世紀に人類を襲うであろう様々な病気の大流行や危機にも勝利することができる」（同前インタビュー）

これは手放しでグローバリゼーションを支持しているわけじゃないんですね。彼は自分の体温や血圧のデータを国家に手渡すのではなく、自分自身の判断のために活用すべきだ、そこで個を国家に委ねてはいけないのだということを、強く言っているわけです。さらに言えば、信仰なくしてそれができるのか、ということになる。

富岡　そこです。個というものの最大の根拠は、実は自己の内面からは来ていないと、はっきり言っていますね。そういう意味で近代的人間中心主義的な個の限界、言いかえれば、近代主義の限界を、ハラリは預言者的に明言している。

佐藤　そのとおりです。エマニュエル・トッドは、コロナによって今起きていることは本質的な変化ではない、既に起きていたことが加速しただけだという主張ですが、今まさにラジカルな変化が起きていると言うハラリと、一見相反するようで、実践的な帰結としては同じなんですね。二人とも、国家機能が強化されること、格差が拡大していくことへの危惧を表明しているわけです。

テクノロジーが加速する国家主義

佐藤　私が憂慮するのは、米中関係の緊張が非常に高まっていることです。二〇二〇年七月二十四日、アメリカ政府はスパイ活動を理由にヒューストンの中国総領事館の閉鎖に踏み切った。これをトランプ大統領の選挙対策だったと考えると本質を見誤ります。コロナウイルスの感染が中国・武漢《ぶかん》から拡大したことによって、アメリカの一般国民の対中感情が悪化している。それが政治問題に結びついたと捉えるべきです。

富岡　ポンペオ国務長官は米中和解のニクソン大統領記念図書館の前で、「新冷戦」の宣言をしましたね。「習近平は破綻した全体主義思想を心から信じている」と言うのですが、全体主義の解釈が根本的に間違っているのではないかと思います。

佐藤　全体主義を普遍主義だと思っているんですね。

富岡　わかりやすく政治的な白黒をつけようという戦略ではあるだろうけれども、問題は、全体主義の意味を、共産主義イデオロギーの復活として言っているのか、あるいは中国がテクノロジーとＡＩによる近代化を加速して「ホモ・デウス」化する、サイノフューチャリズム（中華未来主義）への危機感なのか。近代への問題意識を含めて、きちんと腑分けしていかなければいけないですね。

佐藤　米中対立について、冷戦と呼ぶのは事態を過小評価する危険性があります。むしろ現実的なのは米中戦争のリスクですよ。しかも毛沢東は、第三次世界大戦で核兵器が使われても、六億の中国人のうちの三億は死ぬけれども、残り三億は社会主義の楽園に生きると言っていたわけですから、核抑止論が通用しない可能性がある。

現在の中国の危険の本質は、全体主義イコール共産主義イデオロギーによる世界革命の脅威なのか。あるいは、帝国主義的な国家主義の脅威なのか。後者であることは自明なのですが、アメリカにはそれが見えていないんです。

富岡　帝国主義的な中国の脅威に、最新のアルゴリズムやテクノロジーが付加される。近代化の加速としての新たな国家主義ですね。

八〇年代後半からの日本は、ポストモダンの自足空間の中で外部を喪失していたゆえに、冷戦崩壊の実体を思想的にほとんど解明できないで来た。そして今、新冷戦という妙な標語の中で踊らされている。そのねじれが出てきているし、コロナ禍でそれがさらに拡大されている。

佐藤　もう一つ気がかりなのは、アメリカの中国への敵意が、黄禍論と結びつくかどうかです。我々はアメリカと同盟国で、中国と対峙しているつもりだけれど、アメリカの草の根の意識では中国人も日本人も同じです。黄色人種の脅威に対する反発という形で、日本が黄禍論に巻き込まれていく可能性はあると思います。

富岡　それはまさに日露戦争以降の日本の立場でした。第一次大戦で漁夫の利を得たものの、その後、日本の台頭に対してアメリカでは排日移民法が作られ、日本人が排斥されていく。

佐藤　今後かなり露骨な形で黄禍論が出てきたとき、日本の対米観は変わるか。それとも戦後レジームの中で日米同盟が堅持されるのか。ここも見きわめが難しいですが、私は、人種主義的な問題がメディアで報道されるようになり、生活レベルで現れてきたら、日本の対米観は変わると思う。というのは、皮膚の色は変えられない。そういう属性はアイデンティティの基本にかかわる問題だから、抑えられないと思います。

富岡　二〇二〇年五月二十五日に起きたジョージ・フロイド事件（米中西部ミネソタ州ミネアポリスで白人警官が容疑者の黒人男性を逮捕する際、膝で首を押さえつけて死亡させた事件。全米に抗議活動が広がった）をきっかけに、世界中で人種問題が噴出しています。コロナ状況下で人種主義の危機が加速する中で、私はやはり文学の役割を考えたい。

二〇一八年に小説『献灯使《けんとうし》』の英訳が全米図書賞を受賞した多和田葉子《たわだようこ》は、一九六〇年生まれで、八〇年代からずっとドイツに住み、ドイツ語と日本語で小説や詩を書いてきた作家です。九一年に群像新人文学賞からデビューしたのですが、一九八八年にドイツ語で書いた「Wo Europa anfängt（ヨーロッパの始まるところ）」という短篇では、東京に住んでいる主人公が、ナホトカ航路を経てシベリア鉄道でモスクワを目指す。アジアからヨーロッパへ、東から西へ入っていって、地理と文化の境界をめぐる旅です。最近の『地球にちりばめられて』では、日本人と思われる主人公が、失った母国の言葉を探して世界を旅する。誰もが移民になり得る時代の現実を描く、国境を越えたサーガであると同時に、母語、母国とは何かという形で、近代的な国家への問いを含んでいる。人種という観念に回収されない言葉の旅を追求している作家です。

これから世界的に人種主義がさらに強まり、ハラリの言う新しい全体主義が強化されていく中で、こうした文学の言葉の力が大きな役割を担うと思います。

佐藤　旧東ドイツの短篇小説を読むと、例えばアンナ・ゼーガースの「対決」は、ナチ時代からぬくぬくと生き残っている大学の教師を扱っている。あるいは、ヘルムリーンの

「女収容所長」では、東ベルリン暴動のときに自由の戦士として出てくるのが、もとはナチスの収容所長だった。いかに東ドイツには旧ナチが多かったかということですね。人口が少ないから、旧ナチを完全にパージしてしまうと国家が成り立たない。だからナチズムの問題は旧西ドイツ以上に深刻だったわけです。

そうした文学作品によって、ナチズムが東ドイツに残っていたことを我々は知ることができる。だから今ネオナチが旧東ドイツ地域で出てくる理由も、文学という補助線によって理解できるわけですね。

富岡　そういう意味でも、文学は社会に対する預言的な力を持ち得ますね。

佐藤　あるいは、ミハイル・ショーロホフの『静かなドン』はウクライナとロシアの境界線にある黒海沿岸地方を舞台にしていますが、そこで描かれるドン・コサックたちの歴史を読めば、彼らをロシアに糾合していくのが非常に難しいことがわかる。ショーロホフはスターリン賞を受賞していますが、『静かなドン』はいわゆる社会主義リアリズムを飛び出した作品です。またアルバニアのような独裁国家に、なぜイスマイル・カダレのような作家が出てきて、国家が国民の夢を集めて管理する『夢宮殿』のようなディストピア小説が書けるのか。文学の想像力は非常に面白いと思います。

富岡　そうした文学が、人種主義の対立の時代にどういう力を持ち得るのかがポイントだと思います。

近代の危機を、どう乗り越えるか

富岡　佐藤さんは神学者カール・バルトが二十世紀に与えたインパクトについて、こう書かれています。

「『バルトは近代を超克した神学者である』という言説が一部に流布していますが、私はこの見解には異論があります。私の理解では、バルトは近代を完成させた神学者なのです。／ポストモダンという流行があったがために、近代の超克であるとか、近代は終わったという意識が主流になってしまいました。しかし、考えてみてください。今の新自由主義で動いているこの状況、ここのどこに近代の超克がありますか。ポストモダンというものは個別の差異を重視することで、主観的には近代を超克していくという役割を果たしても、結局、客観的なところでは近代の完成の役割を果たしていると、私は見ているのです。つまりカール・バルト神学の意義というのは、近代の構造、とりわけ国家やナショナリズムがもたらした地獄絵を神学的な手法で表したことなのです」（佐藤優『国家論――日本社会をどう強化するか』）

今回読み返して、改めてそのとおりだと思いました。

佐藤　富岡さんのバルト論（『使徒的人間――カール・バルト』）とも重なる部分です。近代を完成させるということは、完成すればそこを超えていくわけですから、バルトはまさに境界線上の人だった。その点でバルトの言葉は、西田幾多郎や田辺元《たなべはじめ》など京都学派の人たちの問題意識に触れるわけですね。

富岡　戦前篇で扱った「近代の超克」議論は、日本近代史のエポックとなる重要な局面でした。しかし残念ながら、その後日本は戦争に突入していき、あの議論は忘れられた。

佐藤　戦後、「近代の超克」論は戦時迎合イデオロギーとして乱暴に処理されてしまいました。その後、全共闘運動の中で再び注目されたけれども、十分な掘り下げができなかった。

富岡　一九三〇年代に「近代の超克」議論が哲学・思想の側からなされて、今おっしゃったように一九六〇年代後半の全共闘の時代、大江健三郎の『万延元年のフットボール』、高橋和巳の『邪宗門』、三島の『豊饒の海』が出てきたころに再び見直された。当時の「近代の超克」議論は未完ではありましたが、五十年後の現在、もう一度問われるべき問いだと思います。

佐藤　近代をどう乗り越えるかは、思想的、文学的課題であると同時に政治社会的な課題です。近代の結果であるコロナ危機を、どうやって克服していくのか。

危機には「リスク」と「クライシス」の二つがあります。「リスク」は予見可能な不都合な出来事であり、これに対しては対策が可能です。一方「クライシス」は予見が難しく、生死にかかわる決定的な分岐点を意味する。現在はそのいずれかと言えば、私は「リスク以上・クライシス未満」だと思います。この宙ぶらりんな危機が、これからおそらく長期戦で続くことになる。

富岡　そこで重要なのは、クライシスと接しているという意識ですね。

佐藤　そのとおりです。今はそれを権力のほうが先取りして、非日常を日常化している。政府のちぐはぐな政策自体がクライシスから生じています。クライシスにおいては、生き残るためなら何をしてもいい。出血を止めるために、手元にぼろ雑巾しかなければ、とりあえずぼろ雑巾でも当てておけ。破傷風になったら後で考えるからと。そういうクライシスが日常的になっている。

例えば去年、私が同志社大学で教えている学生の一人が国家公務員採用総合職試験を受けて合格しましたが、今年は一次試験が選択試験で、二次が記述試験、集団討論、政策レポート、個別面接の四つのうち、例年あった記述試験と集団討論がなくなり、その分、面接のウエイトが高まった。そうすると二〇二〇年は、かつてなく面接が高い比重を占める形で選抜された高級官僚が生まれた年になるわけです。国家を担う官吏採用システムの中で、このような試験科目の大幅削除はかつてなかった。中学高校のカリキュラムも大混乱し、大学入試にしても試験範囲を変える大学と変えない大学が出てくる。入試は学習指導要領に則して公平になされるという原則が、目に見える形で失われています。

富岡　リスク以上・クライシス未満というグレーゾーンは、逆に恣意的な強権にも結びつく、非常に怖い場所ですね。

ここまで、「近代日本150年を読み解く」という形で明治以降の日本について論じてきたわけですが、近代日本、あるいは近代そのものを捉えるためには、一方向に均等に流れていくクロノスとしての時間ではなく、時代の転換点をなすカイロスを見なければいけない。歴史の結節点がどこにあるのかを見極めることがポイントでした。そして今まさに近代の終着点で、コロナという前代未聞のカイロスが現前している。

佐藤 未知の危機に直面したとき、正しい選択のために重要なのは過去の歴史から学ぶことです。われわれは今、岐路に立っている。誰も経験したことのない、マニュアルのない時代を生きるための知恵として、宗教や哲学、文学の役割があると思います。

〈現代〉を読み解く参考書

エマニュエル・トッド著、大野舞訳『大分断――教育がもたらす新たな階級社会』ＰＨＰ新書、二〇二〇年
佐藤優『国家論――日本社会をどう強化するか』ＮＨＫブックス、二〇〇七年
佐藤優『宗教改革の物語――近代、民族、国家の起源』角川ソフィア文庫、二〇一九年
村上春樹『風の歌を聴け』講談社文庫、二〇〇四年
村上春樹『猫を棄てる――父親について語るとき』文藝春秋、二〇二〇年
村上春樹『一人称単数』文藝春秋、二〇二〇年
古井由吉『杳子・妻隠』新潮文庫、一九七九年
古井由吉『人生の色気』新潮社、二〇〇九年
ユヴァル・ノア・ハラリ著、柴田裕之訳『ホモ・デウス――テクノロジーとサピエンスの未来』上下巻、河出書房新社、二〇一八年

村上春樹
『風の歌を聴け』
（1979年、講談社）

ユヴァル・ノア・ハラリ
『ホモ・デウス』
（2018年、河出書房新社）

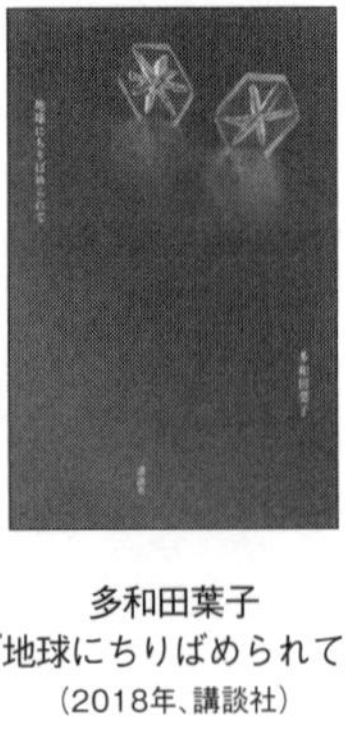

多和田葉子
『地球にちりばめられて』
（2018年、講談社）

多和田葉子『地球にちりばめられて』講談社、二〇一八年
ミハイル・ショーロホフ『静かなドン』全八巻、岩波文庫、一九五九年
富岡幸一郎『使徒的人間――カール・バルト』講談社文芸文庫、二〇一二年

「危機」からの再出発——後記に代えて

富岡　幸一郎

「近代日本150年を読み解く」というタイトルのもとで、佐藤優氏とのこの連続対談の一回目を収録したのは、二〇一九年七月二日のことであった。この年、令和に改元された五月一日の前日四月三十日に、平成の天皇が明治以降、憲政史上初となる生前退位をされたのを受け、皇太子徳仁が第百二十六代の天皇として即位された。皇室の歴史をひもとけば、七世紀半ばの三十四代舒明天皇までは終身在位であったが、大化の改新によって三十五代皇極天皇が最初の譲位を行い、以後幕末の孝明天皇まで譲位は皇位の継承上とくに排除されてはこなかった。

しかし、明治天皇から昭和天皇まで、近代日本は終身在位とし、一世一元の制が実施されてきた。つまり令和の改元は、敗戦・占領においても変わらなかった明治維新以来百五十年の近代天皇制の在り方、日本の「国体」概念の重大な転機となったのである。この譲位（生前退位）を起点として、では「天皇」論が活発に行われたかといえば、否である。テレビ、新聞をはじめマスコミは、この御代がわりを大きく報道し、大型連休もあって改元の瞬間を新年を迎えるカウントダウンのように騒いだ人々もあったが、天皇退位という超法規的な歴史的な出来事に際し、天皇制そのものの是非についての議論はほとんどなかった。昭和天皇崩御のときにはあった天皇制を廃止すべきという左翼の論客は姿を消し、保守の側からも戦後憲法の「象徴天皇制」を批判する声は全く出てこない。左派も右派も奇妙な失語のなかにあり、歴史が消えてしまったような感覚に打たれた。

一八六八年一月（慶応三年十二月）の「王政復古」と同年四月（明治元年三月）の「五箇条の御誓文」によって明治維新が成り、近代の国民国家の歴史が始まったとすれば、幕末からの「尊王攘夷」運動もふくめて、この「国体」概念こそが、近代日本百五十年の歴史の基軸にあったことは疑いえない。

本書の「第一章　明治篇」では、近代国家の形成のなかで、日本歴史の伝統としての「天皇」と西欧型の帝国主義「国家」の連結のプロセスで何が起こったかを論じた。明治政府による、新たな「国体」概念の建設において、最も烈しくスパークしたのが「不敬」罪である。一八九一年（明治二十四年）一月、教育勅語奉読式での「不敬」を理由としたキリスト者・内村鑑三の教職追放事件から、一九一〇年（明治四十三年）のアナーキスト・幸徳秋水らの大逆事件による処刑に至る「不敬」罪の強烈な残影は、夏目漱石の『こころ』の「先生」の自殺に、異様な実存的な危機として沈殿していく。

ドイツの歴史家・ランケは「各々の時代は直接神に属する」と語ったが、西洋的な「神」概念を持たない日本において、その時代の危機の本質をとらえたのは、西洋の近代市民社会が生んだ「小説」の輸入からはじまる近代文学である。文学は時代を映す鏡であるとよくいわれるが、この言葉は正確に理解される必要がある。それは社会の現実をただリアルに描き出すというのではなく、その現象の背後にあるものを炙り出すようにして描き、刻々に変化してやまない出来事の本質をとらえ表現するからである。

『こころ』は多様な読み方をさせる小説であるが、作品には明治という時代そのものの危機が色濃く反映されている。それは司馬遼太郎の『坂の上の雲』のような、日露戦争という時代の表象を描いた歴史時代小説とは対照的であり、作品のなかにある明晰な謎を残す。それは危機意識を共有する今日からあらためて読み解かれることを待っている。本書を通読いただければわかるが、外務省で国際情報の主任分析官であった佐藤優氏は、同時に作家の眼で文学テキストを鋭く解読する。

「第二章　大正篇」では、一九一九年（大正八年）に刊行された有島武郎の『或る女』に注目した。近代日本文学のひとつの頂を作ったこの作品は、大正期のモダニズムや自由主義の気風を体現したヒロイン早月葉子のなかに、キリスト教の背教者となった作家自身の渇仰が描きこめられている。本作を、貧困の家に生れ、無籍者として育ちアナーキストとなった金子文子の獄中手記『何が私をこうさせたか』（一九三一年刊）を並べてみると、日露戦争に勝利し第一次世界大戦の戦勝国となって、帝国主義の世界史のレースに参画した近代日本の、外と内における危機の内在化が、きわめて具体的な生々しい感触として伝わってくる。創作と実録という違いをこえて、ここに大正という時代の内在的な危機の諸相が、その光と影が映し出されている。

続く昭和は、大正十五年十二月二十五日の大正天皇崩御のあとを受けて践祚《せんそ》した昭和天皇による、六十二年と十四日という、歴代天皇のなかでも最長の在位期間となった。実際には大正十年（一九二一年）十一月二十五日に皇太子であった裕仁親王が病弱の天皇の摂政となって以来、大正十二年の関東大震災をはさんで続いた、「長い昭和」の時代であった。そして、いうまでもなく太平洋戦争（大東亜戦争）の敗戦によって、昭和は戦前と戦後に分断された。日本人自身がこの「敗戦」をどう受けとめたのかは、戦後七十五年を経た現在でも十分に本質的な議論はなされていない。むしろ、戦前と戦後とを切断し非連続とするわれわれの無意識のなかに、近代日本の危機の本質を覆い隠そうとしているものがある。

たとえば「第三章　戦前篇」で論じた、戦時中の雑誌『文學界』昭和十七年十月号に掲載された座談会「近代の超克」は、明治維新から八十年に及ぶこの国の「近代」の歪みと脆弱さを明るみに出そうとした画期的な試みであった。

昨年十月に逝去した歴史学者・坂野潤治《ばんのじゅんじ》は『日本近代史』（『ちくま新書』二〇一二年刊）で、一八五七年（安政四年）から一九三七年（昭和十二年）までの八十年間の近代日本の歴史を、「改革」「革命」「建設」「運用」「再編」「危機」という六つの時代に区分して、日本の近代とは何であったかを展望している。坂野氏は、公武合体・尊王倒幕の改革・革命から国民国家を建設し、明治の立憲制・大正デモクラシーを近代化の軸として運用・再編してきた日本は、日中戦争によって昭和ファシズムの危機の時代へと突入し、昭和十二年からの八年間は国内の指導勢力が四分五裂して「崩壊の時代」へとなだれ落ちていったと指摘する。《これ以後の八年間は、異議申立てをする政党、官僚、財界、労働界、言論界、学界がどこにも存在しない、まさに「崩壊の時代」であった。異議を唱える者が絶えはてた「崩壊の時代」を描く能力は、筆者にはない》という。

座談会「近代の超克」は、戦後になると、戦争とファシズムに同調した知識人や文学者の発言として指弾されただけで、一時期をのぞいて議論の俎上にものぼらなくなった。しかし、この座談会の司会役・河上徹太郎の「此の会議が成功であったか否かは、私にはまだよく分からない。たゞこれが開戦一年の間の知的戦慄のうちに作られたものであることは、覆ふべくもない事実である」という言葉は、これがある意味では、明治維新後八十年間、西欧近代化を急速におしすすめてきた近代日本の、「崩壊」のただなかからの、自らの歴史への切実な問題提起であったことを告げており、だからこそ今日、改めて注目されなければならない。

というのも、「第四章　戦後篇」でもあきらかにしたように、戦後の高度成長から、一九八〇年代以降のポストモダンと呼ばれた時代は、日本が国民総生産でアメリカに次ぐ世界第二位の経済大国となり、「ジャパン・アズ・ナンバーワン」（エズラ・ヴォーゲル）とも喧伝されるなかで、実のところは、外部性・他者性を消去した大正期の「自己充足」の言説空間にきわめて相似した、消費社会のモダニズムの反復であったからだ。一九八九年のベルリンの壁の解体に象徴される冷戦構造の崩壊のなかで、戦後日本は世界史のレースから脱落(孤立)し、政治的にも経済的にも漂流しはじめる。昭和十年代、一九三〇年代の「近代の超克」論の未消化なかたちでの反復が、一九八〇年代以降の日本のポストモダン思潮の曖昧さの正体であったことは、すでに明白であろう。ここでも挫折した歴史が繰り返されたのであり、二〇二〇年の新型コロナウイルスの世界的なパンデミックを近代日本史に重ねてみれば、かつてのわが国が、日中戦争以降の「危機」の状況から昭和二十年の敗戦へと「崩壊」を体現していったのとほとんど同じ途を、今日、ふたたび辿りつつあるといえるのではないか。

「第五章　現代篇」の対談を収録したのは二〇二〇年八月四日であった。四月の緊急事態宣言によって、東京などの大都市の様相は一変し、一時的ではあるが、人間の姿が消えた空間となった。欧米の各都市も、急激な患者の拡大、重症者や死亡者の増加によって閉鎖状態となり、文明社会のメガロポリスは廃墟と化した。この廃墟は、戦争や災害によって建物などが破壊されるという事態ではなく、全てはそのままの街の姿であるが、ただ人影が消え森閑としている、人類が体験したことのない廃墟である。

それは未知のウイルスという人間の肉眼には見えない「危機」に直面するときの、根源的な恐怖でもある。近代文明はこれまで目に見える「進歩」に価値を置き、目に見えるものの価値を成果として求め、それを達成してきた。西洋近代を（敗戦後はアメリカ文明を）ひたすら模倣することで、この近代百五十年の歴史を築いてきた日本と日本人は、この「近代」という価値の転換点に直面している。思想の膂力《りょりょく》において、さらにもう一度、「近代の超克」が問われているといってもよい。

なぜ問われなければならないのか。本書の最後の対談をしてから早くも約半年の時間が経過したが、第三波のコロナ禍到来のなかであきらかになっているのは、感染症としてのウイルスの脅威よりも、この国の百五十年もふくまれるところの、三百年に及ぶ西洋近代そのものの孕む「危機」が顕在化していることだ。

本書では、一九五一年生れのフランスの歴史人口学者エマニュエル・トッドや、一九七六年生れのイスラエルの哲学者ユヴァル・ノア・ハラリの予測を取りあげたが、ここでは百年前のドイツの哲学者グスタフ・ランダウアーの言葉を紹介しておきたい。一八七〇年に生れ、第一次大戦のドイツ帝国の敗戦期にミュンヘン評議会共和国の指導者であり、社会主義、アナキズムの革命思想やマイスター・エックハルトなどの中世神秘主義の影響を受けたランダウアーは、非暴力による社会革命をめざす運動に身を投じるが、一九一九年五月、反革命義勇軍によって虐殺される。そして、二〇世紀初頭のヨーロッパの激動期に、ランダウアーは「近代」という時代を、人類史における大きな逸脱の時期、過渡期であると定義した。

《我々がここ数百年の間に、比較的安定した状態から、その安定状態に挿入された理想というものを契機にして、安定を欠いた状態にはまりこみ、いま、さらにその深みにはまる方向へと蹌踉《よろ》めきながら歩んでいる（中略）いまなお我々がその渦中にいる、こうした過渡期の時代より前には、偉大なる定常の時代、きわめて確固たる存立の時代、古代の一時期と似たような文化の全盛期が見いだされる。それがすなわち、中世と呼ばれる時代である》（『レボルツィオーン――再生の歴史哲学』〔Die Revolution〕原書、一九〇七年刊。邦訳、大窪一志訳、同時代社、二〇〇四年刊）

この「中世と呼ばれた時代」の「安定」の基盤にあったのがキリスト教信仰であり、その崩壊とともに、ヒューマニズム（人間中心主義）という「理想」による「個人主義の時代が到来した」とランダウアーはいう。彼のめざす「革命」とは、この「近代」から先へと社会を進化させるものではなく、安定した秩序を保っていた中世社会へ戻ること、つまり「過去の生成」の発見であった。

ランダウアーのいう人類史の大きな「逸脱期」・「過渡期」としての「近代」の世界。この「近代」は、過去三十年のグローバリズムと新自由主義という世界潮流のなかで、COVID-19のパンデミックによって、まさに「蹌踉めき」ながら、危機の実相を具体化させた。もとより「中世と呼ばれた」時代にわれわれは回帰することはできないし、「新しい中世」という歴史展望は、ポストモダンの思想と同じく、「近代」という時代の産物にすぎない。「近代の超克」論は、したがって未完のまま残されている。

「第四章　戦後篇」で、高橋和巳『邪宗門』(一九六六年刊)、大江健三郎『万延元年のフットボール』(一九六七年刊)、三島由紀夫『豊饒の海』(一九六九〜七一年刊)という一九六〇年代に書かれた小説を中心として論じてみたのは、ここに文学が、歴史と哲学と宗教を内包して、「近代の危機を、どう乗り越えるか」という根源的かつ今日的なテーマに挑んでいるからに他ならない。そして、各々に異なるこれらの文学空間を共通して形成しているのは、一方向に向かって均等に流れていく時間＝クロノスではなく、時代の転換点をなす歴史上の区切りとなる時間＝カイロスである。このカイロスへの視界をもたらすのは、神学のパースペクティブである。「近代」――「人間至上主義」の帰結は、おそらく今日、哲学ではなく神学の方法によってこそ明確にすることができる。なぜなら、十八世紀西洋啓蒙主義以来、哲学は「近代の構造」を補完する役割をむしろ荷《にな》ってきたからである。

　前著『〈危機〉の正体』（二〇一九年十月刊）に引き続き、今ここに、再び佐藤優氏との対談集を出すことができるのは、筆者にとって大きなよろこびである。前著では、現代の危機を、神学の知恵で「読み解く」ことを試みたが、本書では「近代日本150年を読み解く」ために神学的方法を用いた。神学の特徴たる類比的思考による歴史への解釈が、危機から崩壊へと向かいかねない現在においてこそ意義を持つことを期待したい。

　このような「対話」が可能になったのは、なによりも佐藤優氏のおかげである。あらためて深く感謝申し上げます。また、前著に続き文芸雑誌「群像」で連載対談の場所を得たことを、同誌編集長の戸井武史氏と担当の北村文乃氏に、そして上梓するにあたり大変なご尽力をいただいた講談社文芸第一出版部の見田葉子氏に御礼申し上げます。

二〇二一年一月二十三日、鎌倉にて

初出誌　「群像」
明治篇　二〇一九年十二月号
大正篇　二〇二〇年三月号
戦前篇　二〇二〇年六月号
戦後篇　二〇二〇年九月号
現代篇　二〇二〇年十二月号

近代日本150年史年表

西暦	元号	主な出来事	参考作品
1868	明治1年	一世一元の制	
1877	明治10年	西南の役	
1879	明治12年	琉球藩を廃し、沖縄県設置	
1889	明治22年	大日本帝国憲法発布	
1890	明治23年	教育勅語発布	
1894	明治27年	日清戦争(〜1895)	
1902	明治35年	日英同盟締結	
1904	明治37年	日露戦争(〜1905)	
1910	明治43年	大逆事件 日韓併合	1910 石川啄木「時代閉塞の現状」執筆
1912	大正1年	明治天皇崩御、改元	
1914	大正3年	第一次世界大戦(〜1918)	1914 夏目漱石『こころ』刊行
1916	大正5年	工場法施行	1916 J・W・R・スコット『是でも武士か』刊行 1917 河上肇『貧乏物語』刊行
1919	大正8年	三・一独立運動	1919 有島武郎『或る女』刊行
1921	大正10年	原敬首相暗殺	1920 樋口麗陽『小説日米戦争未来記』刊行

1922	大正11年	皇太子裕仁親王、摂政に就任 ワシントン会議(～1922) 九ヵ国条約・海軍軍縮条約調印 日本共産党結成	
1923	大正12年	関東大震災 自警団による朝鮮人虐殺 大杉栄・伊藤野枝ら惨殺	
1925	大正14年	治安維持法制定 普通選挙法制定	1925 高畠素之『資本論』邦訳(～1926) 1926 葉山嘉樹『海に生くる人々』刊行
1928	昭和3年	張作霖爆殺事件	1929 小林多喜二『蟹工船』刊行
1931	昭和6年	満州事変	1931 金子文子『何が私をこうさせたか――獄中手記』刊行 H・O・ヤードリ『ブラック・チェンバ――米国はいかにして外交秘電を盗んだか?』刊行
1932	昭和7年	五・一五事件	1932 島崎藤村『夜明け前』刊行(～1935)
1933	昭和8年	国際連盟脱退	1934 シェストフ著、河上徹太郎・阿部六郎訳『悲劇の哲学』刊行 島木健作「癩」発表
			1935 中野重治「村の家」発表
1936	昭和11年	二・二六事件	
1937	昭和12年	盧溝橋事件、日中戦争	1937 文部省編『国体の本義』刊行 1938 杉本五郎『大義』刊行
1940	昭和15年	大政翼賛会創設	1939 大川周明『日本二千六百年史』刊行

近代日本150年史年表

西暦	元号	主な出来事	参考作品
1941	昭和16年	ハワイ真珠湾攻撃、太平洋戦争（〜1945）	
			1942 河上徹太郎他「文化総合会議シンポジウム――近代の超克」座談会掲載
1945	昭和20年	ポツダム宣言受諾、無条件降伏	
1946	昭和21年	日本国憲法公布	1946 折口信夫「神　やぶれたまふ」発表
1951	昭和26年	サンフランシスコ平和条約	
1960	昭和35年	新日米安全保障条約調印 安保闘争で東大の学生・樺美智子死亡 浅沼社会党委員長刺殺事件	1960 大江健三郎「セヴンティーン」発表
1961	昭和36年	深沢七郎「風流夢譚」事件	1961 大江健三郎「政治少年死す」発表
1963	昭和38年	部分的核実験禁止条約調印	
1965	昭和40年	日韓基本条約調印	1965 三島由紀夫『豊饒の海』連載開始（1969〜71年刊行）
			1966 三島由紀夫『英霊の聲』、高橋和巳『邪宗門』刊行
			1967 大江健三郎『万延元年のフットボール』刊行
1968	昭和43年	全共闘運動広がる（〜1969）	

1970	昭和45年	三島由紀夫事件	
1971			古井由吉『杳子・妻隠』刊行
1972	昭和47年	連合赤軍事件 沖縄の復帰 日中国交正常化	
1973	昭和48年	円の変動相場制移行 第一次オイルショック	
1974	昭和49年	連続企業爆破事件	
1976	昭和51年	ロッキード事件	
1978	昭和53年	日中平和友好条約調印	
1979			村上春樹『風の歌を聴け』刊行
1983			桐山襲「パルチザン伝説」発表
1989	平成1年	昭和天皇崩御、改元	
1995	平成7年	阪神・淡路大震災 地下鉄サリン事件	
2011	平成23年	東日本大震災	
2014			多和田葉子『献灯使』刊行
2019	令和1年	平成の天皇が生前退位、改元	
2020	令和2年	新型コロナウイルス感染症、世界に拡大	

二〇二一年三月二二日　第一刷発行

危機《きき》の日本史《にほんし》——近代日本《きんだいにほん》１５０年《ねん》を読《よ》み解《と》く

著　者——佐藤《さとう》　優《まさる》
　　　　　富岡《とみおか》幸一郎《こういちろう》

発行者——鈴木章一

発行所——株式会社講談社
東京都文京区音羽二—一二—二一
郵便番号一一二—八〇〇一
電話——出版　〇三—五三九五—三五〇四
　　　　販売　〇三—五三九五—五八一七
　　　　業務　〇三—五三九五—三六一五

印刷所——凸版印刷株式会社

製本所——株式会社国宝社

ISBN978-4-06-522710-7